미움받아도
괜찮아

지은이 **황재연**

대학에서 철학을 공부하고, 한때 캐나다에서 아카데미를 설립하고 아이들을 가르쳤다. 지금도 아이들을 가르치며, 어떤 책이 사람들에게 도움이 될까라는 고민에 빠져 산다. 여러 책을 기획하고, 글을 썼으며, 한국어로 옮기는 작업을 했다. 『미움받아도 괜찮아』를 통해 어린 친구들이 당당하게 자신을 사랑하는 방법을 배우길 바란다고 말한다.

그림 **김완진**

대학에서 서양화를 공부하고 지금은 일러스트레이터로 활동하며 주로 어린이 책에 그림을 그리고 있다. 그린 책으로는 『Big Bag 섬에 가다』 『딱 하나만 더 읽고!』 『아빠는 잠이 안 와』 『우리 모두 주인공』 『시계 수리공의 보물 이야기』 『꼬마 마술사 뿅야』 『우리 엄마는 언제나 바쁘대요』 등이 있다.

| 어린이를 위한 용기의 심리학 |

미움받아도 괜찮아

황재연 지음 | 김완진 그림 | 박예진 감수

INFLUENTIAL
인플루엔셜

| 추천의 말 |

있는 그대로의 나를
보일 수 있는 용기를 내도록

 미움받아도 괜찮은 사람은 없습니다. 『미움받아도 괜찮아』는 미움에 대한 내성을 키우자고 말하는 게 아니라, 튼튼한 자존감을 세워 주는 용기를 말하는 책입니다. 자존감은 내가 사랑받을 만한 사람이라는 자기확신과 내게 주어진 일을 잘 해낼 수 있다는 자기효능감이 합쳐진 것입니다. 성공한 경험이 자존감을 튼튼하게도 만들기도 하지만, 반대로 건강한 자존감이 바탕이 되어야 성공을 이룰 수 있기에 자존감은 매우 중요합니다.

 튼튼한 자존감을 갖기 위해서는 나에 대해서 정확히 이해해야 합니다. 나를 제대로 알아야 나를 올바로 사랑하며, 튼튼한 자존감을 가질 수 있습니다.

 이때 중요한 것이 용기입니다. 나를 있는 그대로 보일 용기가 있어야 나를 알 수 있습니다. 거절을 잘하지 못하는 사람은 당장은 많은 관계를 유지할 수는 있어도 나를 이해할 수 있는 기회는 놓치게 됩니다. 거절을 못하고 다른 사람에게 맞추려고만 하는 행동은 나를 내보일 용기를 내지 못하는 증거이지요. 그러면 결국 내가 무엇을 좋아하는지 모르게 됩니다. 내가 무엇을 좋아하는지 모르는데 삶의 만족도가 올라가기란 어려운 일이지요.

『미움받을 용기』의 어린이 버전 격이라고 말할 수 있는 이 책은 우리 아이들을 행복의 본질로 안내합니다. 수많은 친구가 있는 것도 좋지만, 정말 마음을 터놓을 수 있는 단 한 명의 친구가 더 중요할 수 있다는 것을요. 또 주변에서 바라보는 잣대에 나를 맞추느라 스스로를 괴롭히지 말고, 때론 소중한 내 마음을 사랑으로 들여다보고 보듬을 필요성이 있다는 것을요.

행복하기 위해서는 열심히 사는 것도 중요하지만, 행복에 대한 가치관을 예쁘고 튼튼하게 만드는 것이 병행되어야 합니다. 이 책은 그런 행복으로 가는 길에 도움을 줍니다. 아이들과 함께 이 책을 읽다 보면 부모가 먼저 자신을 돌아볼 기회를 얻을 것 같아서 더욱 흐뭇하게 이 책을 추천합니다.

윤대현(서울대학교병원 강남센터 정신건강의학과 교수)

| 감수의 말 |

그 자체로
소중하다고 일깨워야

『미움받아도 괜찮아』는 아이들에게 저마다 자신이 소중하고, 자신만이 가진 고유한 특성이 있다는 것을 알려 주는 책입니다. 내가 세상에 단 하나뿐인 창조적 존재라는 자신감을 심어 주는 책이기도 하지요. 다른 친구들과 다르게 부족한 게 있어도 그것이 더 나아갈 수 있는 힘이 될 수 있다고 용기를 불어넣어 주며, 자신만이 가진 독특한 잠재력과 뛰어난 점을 바탕으로 더 큰 도전을 할 수 있도록 응원하고 있습니다.

   사실 우리 아이들은 많이 힘이 듭니다. 어떤 부모는 자신들이 이루지 못한 꿈과 기대를 아이에게 투영해 완벽하기를 강요하고 작은 실수도 용납하지 않습니다. 제대로 된 양육과 올바른 관심을 주는 대신 어른의 시각에서 어른의 방향으로 아이를 이끌려고만 합니다. 따라서 아이들은 이런저런 스트레스에 시달리며 다양한 부정적 환경에 노출되고 있습니다. 학업에 대한 긴장감은 물론이고, 감정 조절의 어려움을 겪으며 폭력적 성향을 보이기도 하고, 어느 한 가지에 의존적 성향을 보이며 중독이 되기도 합니다. 이는 매우 큰 사회적 문제이지요.

『미움받아도 괜찮아』는 이러한 문제를 아들러 심리학의 관점에서 해결할 수 있도록 도와주는 책입니다. '예서와 할아버지의 대화'라는 형식을 통해 친숙함을 더하며, 다양한 사례를 통해 아이들에게 깨달음을 주고 행동으로 옮길 수 있도록 유도합니다. 부적절한 행동을 해서라도 의미 있는 존재가 되기보다는 자기 존재에 대한 믿음을 갖고 그를 위해 노력하는 것이 중요하다고 말하고 있지요. 또한 스스로 선택할 수 있으며, 그 선택의 몫은 오로지 자신에게 있다는 것을 알려 줍니다. 자신을 둘러싼 환경을 극복하기 위해서는 어떠한 마음가짐이 필요한지를 이야기하며 긍정적인 동기를 유발할 수 있도록 합니다.

『미움받아도 괜찮아』를 통해 아이들이 저마다 가진 잠재력과 능력을 자산으로 삼을 수 있기를 바랍니다. 그를 통해 한층 성장하기를 바랍니다. 하나밖에 없는 자신을 있는 그대로 받아들일 수 있는 용기를 내기 바랍니다. 그러한 용기를 바탕으로 자기 삶의 주인이 되는 것과 동시에 공동체의 당당한 일원으로 더불어 살아가기를 바랍니다.

박예진(한국아들러협회 회장)

| 책을 읽기 전에 |

예서와 함께
용기 여행을 떠나요

『미움받아도 괜찮아』의 주인공 예서는 어떤 아이일까요?

예서는 우리가 주변에서 볼 수 있는 평범한 아이예요. 부모님 말씀을 잘 듣고 싶지만 언제나 그렇진 않아요. 투정을 부리기도 하고, 입을 꾹 다물어 버릴 때도 있죠. 학교생활을 잘하고 싶지만 때론 친구들과 투덕대기도 하고, 피아니스트가 꿈이지만 연습하기 싫어서 꾀를 부리기도 하죠. 바쁜 부모님 때문에 학원을 많이 다녀야 하는 것도, 집에 혼자 있는 것도 싫어해요.

예서 아빠는 회사에서 인도네시아로 발령이 났는데, 적어도 일 년은 그곳에서 일해야 한대요. 엄마는 바쁜 회사 일로 밤늦게 집에 오는 일이 잦아졌고, 해외 출장도 자주 다녀요. 그래서 예서와 엄마는 아빠가 인도네시아에 있는 동안 할아버지

　댁에서 함께 살게 되었어요. 엄마가 없을 때도 할아버지가 예서를 돌봐줄 수 있으니까요. 그래서 예서는 전학을 해야 했어요. 낯선 곳에서 할아버지와 생활하랴, 새로운 친구들을 사귀랴, 예서는 전보다 더 많은 고민이 생겼습니다.
　할아버지는 그런 예서에게 신경이 쓰여, 이런저런 궁리를 하기 시작했죠. 어떻게 하면 엄마, 아빠가 예서를 사랑하고 있다는 것을 충분히 느낄 수 있을까? 어떻게 하면 새로운 환경에 꿋꿋하게 잘 적응할 수 있을까? 그래서 예서 엄마가 출장을 간 사이, 할아버지는 예서와 함께 용기 여행을 떠나기로 했어요. 이 여행은 오스트리아에서 태어난 정신과의사이자 심리학자인 알프레드 아들러의 의견을 따라가요. 예서는 이제 '용기'를 가지고, 자기를 당당하게 들여다보고 사랑하며, 지금보다 더 행복해지기 위한 첫걸음을 뗄 거예요.

예서가 만나 볼 '용기의 심리학'은 어떤 심리학일까요?

아들러는 어린 시절, 병에 걸려 몸이 약했대요. 공부도 잘하지 못했고요. 그래서 늘 자기와 다른 형과 비교하면서 열등감에 빠지곤 했대요. 열등감이란 남보다 못하다는 생각에 속상하다는 감정을 말해요.

  하지만 병을 이겨내고 꾸준히 노력해 좋은 성적을 얻었고, 용기를 가지고 열등감을 이겨냈어요. 아들러는 힘들었던 걸 극복했던 자신의 경험을 통해 '인간은 누구나 변할 수 있고' 어떻게 마음을 먹느냐가 아주 중요하다는 것을 깨달았어요. 그리고 미래를 중요하게 생각하고, 잘될 거라는 생각과 마음가짐을 강조하는 '개인심리학'을 세상에 내놓았어요. 아들러는 말했어요. "용기를 가지면 우리는 얼마든지 변할 수 있고

또 행복할 수 있다." 그래서 사람들은 아들러 심리학을 '용기의 심리학'이라고도 부른답니다.

이 책은 그전에 아들러 심리학을 소개한 『미움받을 용기』라는 책에서 영감을 얻어, 예서와 예서 할아버지 목소리로 아들러 심리학을 몸소 체험하기 쉽게 꾸몄어요. 그러니까 예서 할아버지가 하는 이야기를 아들러가 하는 이야기라고 생각해도 좋아요.

할아버지가 안내하는 용기 여행을 통해 예서가 무엇을 깨닫게 될지 벌써부터 궁금해집니다. 과연 용기를 가지고 커 갈 수 있을까요?

다같이 예서와 마음이 커지는 용기 여행을 떠나 봐요. 그리고 여행이 끝난 후엔 아무쪼록 '내 삶의 주인공은 나'라는 사실을 깨닫고 지금보다 더 용기 있게 성장하고, 행복해지길!

차 례

추천의 말   4
감수의 말   6
책을 읽기 전에   8
시작하며   14

PART 1 혼자 설 수 있는 용기

나만의 안경으로 세상을 본다   24
내 삶의 주인은 바로 나   34
내가 화를 내고 싶어서 화를 낸다고?   42
내가 할 수 있는 것과 할 수 없는 것   53
친구를 믿으면 더 행복해져   61

PART 2 함께 어울릴 수 있는 용기

형제 · 친구
이 세상에 나 혼자만 있다면 70
인기가 많으면 무조건 좋을까? 81
남한테 인정받지 않아도 괜찮아 85
'지금' 내가 할 수 있는 것이 중요해 92

부모 · 선생님
내가 혼나는 걸 선택했다고? 106
칭찬은 무조건 좋은 걸까? 116
나는 나만의 가치가 있어 122
특별하지 않아도 괜찮아, 용기를 내보자 132

공동체 관계
함께 사이좋게 지내려면 143
모든 사람과 친해질 수 있을까? 153
나는 우리 반이 좋아 164

용기의 심리학자, 알프레드 아들러   178

시작하며

"우리 딸 착하지? 엄마는 예서만 믿어. 그럼, 아버님 다녀올게요."

예서와 할아버지는 대문 밖에서 엄마를 배웅하고 집 안으로 들어왔다. 이번에는 미국 출장이다. 엄마가 다니는 회사는 농사를 지을 때 사용하는 큰 기계를 만든다. 이번에 엄마 회사에서 새로 나온 트랙터를 미국으로 수출하게 되었다. 예서는 엄마가 책임자니, 승진을 했다느니, 라는 말에는 관심이 없다. 오로지 엄마가 당분간 집에 없는 게 싫을 뿐이다. 예서는 집에 들어오자마자 화장실로 달려갔다. 조금 뒤, 물을 쓰는 소리가 들리고 예서가 나왔다. 할아버지가 걱정스런 목소리로 물었다.

"또 배가 아프니?"

예서는 고개만 끄덕이고 자기 방으로 들어갔다. 아빠가 일 년 동안이나 인도네시아에서 일을 하게 되어서, 예서와 엄마는 올봄부터 할아버지네 집에서 함께 살았다. 하지만 예서는 아직 이 집이 낯설 때가 있다. 오늘처럼 엄마가 멀리 출장을 가는 날은 더 그렇다. 침대에 누워 이불을 뒤집어쓰고, 엄마와 나누었던 말을 떠올렸다.

'할아버지 말씀 잘 듣고, 밥 잘 먹고…… 우리 딸 그럴 수 있지? 잘하면 방학 끝나기 전에 돌아올 거야. 그러면 우리 어디라도 놀러 가자.'

'몰라, 내가 어린앤가. 빨리 가기나 하세요.'

예서는 엄마에게 신경질을 낸 게 후회됐다. 하지만 엄마가 자기보다 일을 더 좋아하는 것 같아 화가 났었디. 그렇게 씩씩대다가 예서는 설핏 잠이 들었다. 시간이 얼마나 지났을까. 예서는 인기척에 눈을 떴다.

"이제 일어났구나. 할아버지하고 이층 구경하련?"

"이층을요?"

예서는 눈을 비비며 일어나 오도카니 침대 끝에 앉았다. 이층에는 올라가 본 적이 없다. 누가 말린 것도 아닌데 왠지 그곳은 보이지 않는 울타리가 둘러진 것처럼 다가가기 어려웠다. 예서는 잠이 덜 깨 멍한 기분으로 할아버지를 따라 이층으로 올라갔다.

 이층 천장은 지붕을 따라 경사가 졌고, 예서가 겨우 서 있을 정도로 낮은 곳도 있었다. 낮은 곳에서부터 할아버지가 서도 넉넉한 높은 곳까지 벽을 따라 책이 빽빽이 들어찬 책장이 들어가 있었다. 한쪽 벽에 뚫린 반타원형의 창으로 교회 십자가와 건물들 사이에 벌겋게 물들고 있는 하늘이 보였다. 방 가운데에는 양탄자가 깔려 있고, 그 위에는 작은 탁자와 크고 작은 쿠션들이 놓여 있었다.

"여기는 도서관 같아요. 책이 진짜 많아요. 할아버지 여기서 공부하세요?"

"허허허, 공부라기보다는…… 이곳에서 나를 들여다본다고 할까. 할아버지는 이곳에 오면 마음이 편안해진단다."

할아버지가 미소를 지으며 예서를 바라봤다.

예서는 할아버지의 알 듯 모를 듯한 말에 고개를 갸우뚱하며 방을 둘러봤다.

"보렴, 저 노을 지는 하늘이 참으로 아름답구나."

"네, 그런데 저기요…… 할아버지, 지금쯤 엄마도 비행기에서 저 노을을 바라볼까요? 어디쯤 가고 있을까요?"

예서는 엄마를 배웅할 때가 생각나는 듯 창밖으로 보이는 하늘을 뚫어지게 쳐다보았다. 할아버지는 그런 예서를 한참 바라보았다.

할아버지   머릿속이 복잡한 모양이로구나. 그럴 땐 단순하게 생각하면 좀 편안해진단다.

예   서   단순하게 생각하면 편해진다고요? 그냥 엄마가 없어서 슬퍼요. 그리고 아까 제대로 인사도 못했어요…….

할아버지   걱정은 뒤로 미루고 긍정적으로, 좋게 생각해 보면 어떻겠니? 우리는 누구나 자기만의 세계에 살고 있단다. 내가 그 세계에 어떤 의미를 주느냐에 따라 회색빛이거나 검은색이었던 세계가 무지갯빛으로 빛날 수 있지.

예   서   마음이 슬픈데 좋게 생각할 수가 있어요……? 그리고 우리가 같은 나라, 같은 동네, 같은 집에 사는 것처럼 우리는 같은 세계에 사는 거 아니에요?

할아버지   그런 눈에 보이는 세계 말고, 내가 느끼는 세계를 생각해 보렴. 아까 엄마가 떠났을 때 예서가 느꼈던 감정과 생각이 할아버지하고 같았을까?

예   서   저는 비슷할 것 같은데요.

할아버지   아까 할아버지는 엄마가 어른으로서 단단히 제 한몫하고 사는 것처럼 보여서 뿌듯하고 자랑스러운 마음이 들었단다. 예서도 할아버지하고 같은 마음이 들었니?

예   서   아니요. 저는…… 엄마가 출장 가는 게 싫어요. 다른 애들은 방학이라고 엄마, 아빠랑 놀러가기 바쁜데. 나만…….

할아버지   그것 보렴. 예서는 할아버지하고 다르게 생각했어. 똑같이 엄마를 배웅하고 있었는데도 말이야. 그런 걸 저마다 다른 세계에 산다고 하는 거란다. 우리는 현실을 있는 그대로 받아들인다고 생각하는데, 사실 알고 보면 그리 객관적으로 인식하지는 못한단다.

예   서   객관적으로 인식하는 건 또 뭐예요? 그리고 보이

	는 대로 받아들이지 않고 어쩌는데요?
할아버지	음, 먼저 객관적이란 말을 좀 설명해야겠구나. '객관적'이란 어떤 사물이나 현상 등을 볼 때 내가 아닌 다른 사람의 입장에서 보는 거란다. 쉽게 말하면 누가 봐도 거의 비슷한 느낌이나 생각이 드는 거지. '주관적'은 그와 반대로 나의 느낌과 생각에 기초해서 보는 것이고. 아! 마당에 세워 둔 자전거 알지?
예 서	네, 근데 그게 주관적, 객관적, 그런 거예요?
할아버지	그래, 모양만 봤을 때 남들에게는 그저 낡은 자전거지만, 할아버지에게는 어린 아들과의 추억이 담긴 소중한 자전거란다. 낡은 자전거는 사람들이 보는 객관적 생각이지만, 추억이 담긴 소중한 자전거는 할아버지의 주관적인 생각이지.
예 서	아, 그래서 저번에 엄마가 자전거 버린다는 거 그냥 두라고 하셨구나. 그런데 왜 그런 말을 하시는 거예요?
할아버지	글쎄, 이 얘기를 왜 했더라? 아무래도…… 이번 방학 때 예서와 나눌 이야기가 많을 것 같구나.
예 서	네? 무슨 얘긴데요? 앗, 혹시 엄마가 숙제 내주고

	가셨어요?
할아버지	하하하. 그런 건 아니고, 예서가 조금 전까지 엄마 생각을 하면서 많이 속상했잖니? 그런 것들, 예서 마음을 들여다보고 싶고, 예서와 더 가까워지고 싶어서……. 예서는 왜 그렇게 속상했을까 궁금하고, 알고 싶단다.
예 서	그건…… 엄마는 일한다고 멀리 출장이나 가고, 내가 어떻게 지내는지 하나도 신경 쓰지 않아요.
할아버지	그래, 바로 그게 예서가 주관적으로 바라본 엄마지. 그리고 아까 할아버지가 주관적으로 바라본 엄마는 어땠는지 말했지?
예 서	…….
할아버지	할아버지가 하고 싶은 말은 사람들은 저마다 자기만의 느낌과 생각으로 세상을 바라본다는 거야. 그러니까 엄마도 엄마만의 느낌과 생각으로 세상을 바라보겠지? 그걸 예서가 깨닫기 바란단다.
예 서	이크, 복잡하다. 할아버지, 무슨 말인지 전-혀 모르겠어요.
할아버지	그래그래. 근데 출출하네. 뭐라도 먹을까?

PART 1
혼자 설 수 있는 용기

나만의 안경으로 세상을 본다

예서와 할아버지는 이층에서 내려와 주방으로 들어갔다. 예서는 식탁에 앉아 할아버지가 조금 전 말해 준 주관적 세계와 객관적 세계에 대해 곰곰이 생각했다. 할아버지는 냉장고 앞에서 한참 달그락거리더니 초콜릿 케이크를 꺼냈다. 그걸 본 예서는 할아버지를 거들어 싱크대 서랍에서 포크를 꺼내와 식탁에 올렸다.

예　　서　이 초코 케이크 진짜 맛있어요. 어제 마트에서 시식해 봤거든요.
할아버지　그래, 맛있어 보이는구나. 아하! 바로 이거야.
예　　서　할아버지, 갑자기 왜 그러세요?

할아버지 재미있는 생각이 떠올랐거든.

예   서 그게 뭔데요?

할아버지 그건…… 말이야. 우선 한번 들어보겠니? 자, 예서야, 어제 엄마와 마트에서 이 케이크를 처음 봤을 때를 떠올려 보렴.

예   서 퀴즈예요?

할아버지 어허허. 그건 아니고, 예서에게 지금까지와는 다른 세상을 선물하려는 거야. 자, 할아버지를 믿고, 어제 마트에서 있었던 일을 떠올려 보렴. 지금처럼 맛있다고 느꼈니?

예   서 선물? 음…… 처음에는 엄마가 이것저것 사는 게 싫었어요.

할아버지 왜 싫었니?

예   서 출장을 가기 전에 냉장고나 잔뜩 채워 놓으려는 속셈이 다 보였거든요.

할아버지 저런, 그랬구나. 그런데 방금 케이크가 맛있다고 말한 건 뭐니?

예   서 그건 케이크를 시식하는 데를 지나가다가 엄마가 먹어 보라고 해서 먹어 봤더니 맛있었거든요.

할아버지 그래, 먹어 보고 알았구나. 그러면 엄마는 이 케

이크를 처음 보고 어떤 생각을 했을까? 예서 생각대로 출장을 가기 전에 냉장고나 채우려고 한 걸까?

예 서   음, 엄마가 시식해 주는 아주머니에게 케이크에 첨가물은 뭐가 들어갔는지, 너무 달지는 않은지, 유통기한은 얼마나 되는지 이것저것 막 물어보셨거든요. 그러면서 제가 먹을 거니까 제대로 만든 것이었으면 좋겠다고 아주머니랑 이야기하는 걸 들었어요…….

할아버지   아, 그래서 예서의 기분이 바뀌었구나.

예 서   아마도…… 원래 케이크를 좋아하긴 했지만, 엄마가 제가 먹을 거라고 그렇게 꼼꼼히 따질 줄은 몰랐어요.

할아버지   엄마의 마음을 알게 되니까 케이크가 맛있게 느껴진 건가? 음, 그럴 수도 있겠구나. 그러면 케이크 파는 아주머니는 어떤 생각을 했을까?

예 서 글쎄요. 할아버지 생각엔 아주머니가 어떤 생각을 했을 것 같은데요?

할아버지 음, 엄마가 이것저것 물어보니까 '내가 정말 제대로 만든 초콜릿 케이크를 팔고 있을까?' 하고 생각해 보지 않았을까?

예 서 맞다! 아주머니도 자주 집으로 가져간다면서, 아주머니 아이들에게도 먹일 만큼 맛있고 좋으니까 안심하고 먹어도 된다고 자랑스럽게 말씀하셨어요!

할아버지 오, 아주머니에게는 자랑스러운 케이크로구나! 허허허.

예 서 자랑스리운 게이크요? 히히. 웃기다!

할아버지 재미있니? 더 재밌는 건 이제부터야. 자, 잘 생각해 보렴. 예서나 엄마, 아주머니는 모두 똑같은 사물을 똑같은 시간에 보고 있었는데, 누가 보느냐에 따라서 중요하게 생각하는 점이 달랐던 걸 눈치챘니?

🧒 먹을 거만 사 놓으면 끝이야?

👩 우리 예서가 먹을 거니까 꼼꼼히 챙겨야지.

👨 암, 나는 아이들이 안심하고 먹어도 될 만한
맛있는 케이크를 팔고 있지.

예　서　아! 정말 그러네. 중요하게 생각하는 게 다 달랐어요!

할아버지　그다음에 엄마와 예서가 장을 다 보고 집으로 돌아왔어. 마트 아주머니도 케이크를 가지고 집으로 갔다고 치자. 그럼, 이제 시간과 공간이 달라진 거야. 엄마는 케이크를 냉동실에 넣으면서 어떤 것을 중요하게 생각을 했을까? 예서는, 그리고 아주머니는 무엇을 중요하게 생각했을까?

예　서　음, 엄마는 어제 장 본 거 정리하면서 '엄마 없어도 꼬박꼬박 잘 챙겨 먹어. 그래야 건강하고 키도 커져.', '초콜릿 케이크는 한 번에 너무 많이 먹으면 탈이 나니 조심해.'라고 하며 뭐라 뭐라 말을 되게 많이 했어요. 평소라면 잔소리한다고 싫어했을 텐데. 이상하게 그때는 엄마가 저를 사랑한다고 느꼈어요.

할아버지	그랬구나. 그때 예서는 케이크를 보고 무엇을 중요하게 생각했니? 또 아주머니는 집에 가서 어땠을까?
예　서	글쎄요, 난 뭐를 중요하게 생각했지? 아주머니는 또…… 할아버지, 아주머니 생각은 더 모르겠어요.
할아버지	그래, 그러면 예서만 놓고 차근히 정리해 보자. 예서는 마트에서 처음에 '엄마가 또 냉장고만 채워 놓고 가는구나.'라는 생각이 들어 기분이 안 좋았어. 그런데 엄마가 케이크를 사면서 이것저것 물어보고 꼼꼼히 따지는 것을 보고 마음이 바뀌었지. 그래서 케이크를 먹어 볼 마음도 생겼고, 먹어 보고 맛있다는 걸 느꼈어. 조금 전에도 맛있다고 그랬지?
예　서	네.
할아버지	자, 그럼 이제 말해 보렴. 뭐가 달라졌기에 할아버지에게 맛있다고 말했지? 천천히 생각하며 말해 볼래?
예　서	아이참, 맛있으니까 맛있다고 그런 건데……. 그리고 엄마가 아주 꼼꼼히 골라서 산 거니까 더 맛있죠. 그리고 할아버지랑 저랑 입맛이 비슷하잖

	아요. 제가 맛있다고 하면 할아버지도 늘 맛있다고 하시면서.
할아버지	허허허. 그러니까 예서가 언제, 어디서, 어떤 관점으로 보느냐에 따라서 똑같은 케이크인데도 다르게 느꼈다는 거네?
예　서	아, 맞아요! 엄마랑 제가 같이 마트에 가서 똑같이 본 케이크였는데도, 우리는 케이크를 보고 똑같은 생각이나 느낌을 갖지 않았어요. 그때그때 달랐어요. 우린 케이크를 보며 서로 다른 생각을 했어요! 그런데 이게 중요한 거예요?
할아버지	중요하고말고. 내가 상황을 어떻게 바라보고 받아들이느냐에 따라서 내 삶이 달라질 수 있거든.
예　서	내가 어떻게 보고 받아들이냐에 따라서요?
할아버지	그래. 상황을 긍정적으로 바라보면 나에게 발전적인 방향으로 나아가기가 쉽거든. 그러면 내 삶도 당연히 조금씩 좋은 방향으로 움직이지 않겠니?
예　서	알 것도 같으면서도 복잡해요.
할아버지	아무래도 그렇겠지. 어떻게 보면 말이야, 예서야. 사람들은 저마다 자기만의 안경을 끼고 세상을 바라보는 건지도 모른단다. 안경에 붉은색이 들

어갔으면 세상은 붉게, 안경이 지저분하면 세상은 지저분하게 보이겠지. 우리가 선택한 안경에 따라, 내가 바라보는 바깥 세계가 달라지는 거지. 보다 깨끗하고 좋은 안경을 선택하면 세상은 더 잘 보이겠지? 예서는 어떤 안경을 쓰겠니?

예　　서　아아! 그래서 아까 무지갯빛 얘기를 하신 거구나. 그런데 저는 그렇게 생각해 본 적이 없어서 아직은 잘 모르겠어요.

할아버지　물론 선택이 쉽지는 않을 거야. 용기가 필요하지.

예　　서　용기요? 할아버지, 지금 저한테 수수께끼를 내시는 것처럼 들려요.

할아버지　허허허. 그럼 지금부터 어떤 안경을 쓸지 생각해 보면 어떻겠니? 가장 좋은 건 아예 안경을 벗고 맨눈으로 바깥 세계를 마주하는 것이겠지. 물론 안경을 벗는다는 선택을 내리는 데에는 더 큰 용기가 필요하겠지만 말이야.

　예서는 적당히 녹아서 부드러워진 초콜릿 케이크를 한 입 베어 물었다. 입 안이 차가워지고, 케이크가 단맛을 내며 사르르 녹았다. 씹기도 전에 꿀떡 넘어갔다.

아들러의 서재에서 더 생각하기

"나만의 안경으로 세상을 본다."라는 말은 저마다 주어진 상황을 주관적으로 받아들인다는 뜻이야.

다른 사람이 볼 때

내가 볼 때

'제 눈에 안경'이라는 말처럼 보잘 것 없는 것이라도 내 마음에 들면 좋게 보이잖아. 그러니까 세상을 어떻게 바라볼 것인지는 결국 내 마음에 달린 게 아닐까? 내 남자 친구가 더 잘생겨 보이고, 내 여자 친구가 더 예뻐 보이는 것처럼 말이야.

'나만의 안경'을 썼을 때의 경험을 이야기해 보자.

남들은 내 남자 친구가 못생겼다지만 내 눈으로 보면 세상 그 누구보다도 멋져! 호호!

내 삶의 주인은 바로 나

며칠 뒤, 예서는 아침을 먹자마자 거실 구석에 있는 피아노 앞으로 가서 앉았다. 그러곤 작년 겨울 피아노 콩쿠르에서 연주했던 베토벤 소나티네 6번을 치기 시작했다. 할아버지는 시원한 주스 두 잔을 내왔다. 거실에 울려 퍼지는 피아노 소리로 밝은 기운이 맴돌았다.

예서는 한 차례 더 자신이 좋아하는 곡을 연주하고 할아버지 옆에 앉아 주스를 마셨다. 그러곤 약속이나 한 것처럼 할아버지와 함께 이층으로 올라갔다.

할아버지   오랜만에 피아노 연주를 들으니 참 좋구나. 많이 늘었네!
예　　서   이 곡은 콩쿠르 때문에 많이 연습한 곡이니까요. 요즘엔 학원에서 새로운 곡을 연습해요. 근데 단계가 높아서 그건 어려워요.
할아버지   조금씩 나아지겠지.
예　　서   모르겠어요. 손가락이 짧아서 그런가, 이번 곡은 익숙해지지 않아요.
할아버지   그래서 요새 피아노에 시큰둥한 거니?
예　　서   음, 그거야……. 그런데 어떻게 아셨어요?
할아버지   엄마가 그러던데. 전보다 연습도 덜 하고, 흥미가 떨어진 것 같다고.
예　　서   아휴, 엄마는…….
할아버지   피아니스트가 되려는 꿈을 바꾼 거니?
예　　서   아니요. 그건 아니에요.
할아버지   그러면 하나만 물어보자.

예   서   네.

할아버지   예서는 왜 피아니스트가 되고 싶니?

예   서   음, 그거야, 아름다운 곡들을 제가 직접 칠 수 있
잖아요.

할아버지   그런 거라면 굳이 피아니스트가 되지 않아도 연
습해서 칠 수도 있잖아?

예   서   네?

할아버지   할아버지가 알고 싶은 건, 예서가 어디 가서 "나
의 직업은 피아노를 치는 사람이에요."라고 말하
고 싶을 만큼 피아노 치는 것을 좋아하는지 궁금
하단다. "나는 병을 고치는 사람이에요. 나는 불
을 끄는 사람이에요."처럼.

예   서   음…… 예전에 이모가 연주회에서 피아노 치는
모습을 봤는데 아주 멋져 보였어요. 저도 멋진 드
레스를 입고 피아노를 치면 좋을 것 같고…….

할아버지   그리고 또?

예   서   어…… 작년에 제가 피아노 대회에서 상 받았을
때부터 엄마는 제가 진짜 피아니스트가 된 것처
럼 여기저기 자랑하고 다니셨거든요. 그러니까
저도 기뻤고, 아빠도 무척 좋아하셨어요.

할아버지 그랬구나. 근데 왜 요즘은 피아노 치는 게 시들해진 걸까?

예   서 곡이 어려워지면서 손가락 길이가 자꾸 신경 쓰여요. 아빠 닮아서 손가락이 짧잖아요.

할아버지 하긴 우리 식구들이 원래 길쭉길쭉 하진 않지. 예서도 그랬구나. 하하!

예   서 할아버지, 전 심각해요!

할아버지 아이고, 웃어서 미안하구나. 예서는 심각한데 할아버지가 몰라 줬네.

예   서 그런데 그건 왜 물어보세요?

할아버지 예서가 왜 피아니스트가 되고 싶은 건지 궁금해서. 아직은 어려서 단순히 피아니스트가 멋지게 보이거나, 부모님이 기뻐해서, 또는 아름다운 곡이 좋아서 피아니스트가 되고 싶을 수도 있겠지. 하지만 그게 진짜 예서 꿈일까? 할아버지는 예서가 점점 커 가면서 진짜로 예서가 바라고 좋아하는 것을 찾았으면 한단다. 그건 이모도 엄마 아빠도 이 할아버지도 해 줄 수 없는 일이거든. 물론 해 주려고 해도 문제고.

예   서 그래도 이모하고 엄마가 많이 도와주세요.

할아버지　당연히 그래야겠지. 하지만 예서야, 이것만은 분명히 해야겠구나.

예　　서　뭐를요?

할아버지　꿈을 정하는 데 있어서 이모나 엄마 아빠를 떼어 놓고 생각해 보면 어떻겠니? 그래도 피아노를 치는 게 즐거울까? 그러니까 엄마가 만약에 예서가 피아노 치는 걸 좋아하지 않는다고 생각해 보렴. 그래도 계속 피아노를 치고 싶을까?

예　　서　엄마나 이모는 저를 도와주시는 거잖아요! 그리고 엄마는 제가 피아노 치는 걸 진짜 좋아하세요.

할아버지　이크! 늘 다 큰 친구들만 대하다가…… 예서처럼 어린 친구에게는 설명하는 게 쉽지 않구나. 자, 찬찬히 얘기해 보마. 할아버지가 볼 땐 예서처럼 엄마 아빠 말을 잘 듣는 아이들은 부모님이나 주변 사람들 때문에 정작 원하는 대로 선택을 하지 못하는 경우가 있는 것 같더구나. 너무 말을 잘 들어서 오히려 문제인 거지.

예　　서　네? 말을 잘 듣는 게 문제라고요?

할아버지　아직 쉽게 이해하지는 못하겠지만, 찬찬히 할아버지 말 좀 들어 보겠니?

예　　서	음, 네!
할아버지	이제부터라도 조금씩 예서 스스로 생각하고 선택하는 연습을 하면 좋겠구나. 진정한 예서만의 선택을 위해서. 엄마가 좋아했던 것은 잠깐 잊어버리고, 예서 스스로의 생각은 어떤지, 어떻게 하고 싶은 건지 집중해 보는 거야. 혹시라도 피아노가 방해가 된다면 그것도 과감하게 버려야겠지.
예　　서	말도 안 돼. 피아노를 버리라고요?
할아버지	당장 쓰레기처럼 버리라는 말이 아니라 마음에서 잊어버리라는 거야. 냉정하게 잘 판단하기 위해서. 내 삶의 주인은 나란다. 부모님이나 친구가 아니라. 왜 드라마를 보면 주인공이 있지 않니? 예서의 삶에서 주인공은 예서란 말인 거지. 할아버지의 경험과 지식, 엄마 아빠와 이모의 경험과 지식, 도움은 고맙지만, 그런 것들이 예서의 선택을 대신할 수는 없는 거란다.
예　　서	하지만 피아니스트가 된다는 건 제가 결정한 거예요!
할아버지	그러엄! 그런데 예서야, 예서뿐 아니라 어른들도 자기 스스로 결정을 내렸다고 생각하는 것들

이 알고 보면 다른 사람의 시선과 생각을 마치 자기 것인 양 착각해서 그런 경우도 많단다. 다른 사람의 기대에 맞추어 살다 보니 정작 내 삶이 아닌 다른 사람의 삶을 사는 경우도 많고. 그래서는 안 되겠지? 예서가 아직 어리긴 하지만, 지금부터라도 남의 삶이 아닌 자기 삶을 사는 방법을 익혀 갔으면 좋겠구나.

예 서 제 꿈이 피아니스트인 게 제가 내린 결정이 아니고, 다른 사람의 결정이란 게 잘 이해가 안 돼요. 정말 그렇다면 저는 이제 어떻게 해야 하죠?

할아버지 복잡할 거 없단다. 지금부터 예서가 진정으로 원하는 것이 무엇인지 차차 알아 가면 되지.

내가 화를 내고 싶어서 화를 낸다고?

할아버지는 잠깐 이야기를 멈추고 노트북을 꺼내 인터넷 검색창에 '핑계'를 쳐서, 어떤 블로그의 게시물을 클릭했다. 우스꽝스러운 고양이와 강아지 사진들과 재미있는 글이 실려 있는 창이 열렸다.

예　　서　우아, 너무 웃겨요! 표정 봐. 헤헤!
할아버지　요즘 사람들은 인터넷에 참 재미있는 것들을 많이 올린단 말이야. 어떠냐, 누구는 공부해야 하는데 피곤해서 못하고, 또 누구는 손가락이 짧아서 피아노를…….
예　　서　할아버지, 아니에요! 손가락은 핑계가 아니에요!
할아버지　허허허. 오냐, 알겠다. 자, 엄마한테는 비밀로 할 테니 왜 피아노 치는 게 시들해졌는지 이 할아비지에게만 살짝 말해다오, 응?
예　　서　음, 피아노를 치는 건 재미있지만 피아니스트가 될 만큼 실력이 있는지도 모르겠고, 피아니스트가 된다고 했다가 못 되면 어떻게 해요? 복잡한 곡 치기에는 손가락도……. 아무튼 요즘 피아노 치는 게 예전처럼 재미가 없어요.
할아버지　그랬구나. 당장 피아니스트가 되는 걸 꿈으로 삼을지 결정하거나 피아니스트가 되지 못할까 봐 걱정할 필요는 없단다. 먼 훗날 이야기니까. 하지만 피아노 치는 것이 왜 시들해졌는지 시간을 갖고 잘 생각해 볼 필요는 있단다. 그래야 그 이유가 무엇인지, 예서가 진짜로 원하는 것이 무엇인지 알 수 있을 테니.

예 서   있잖아요. 할아버지…… 저도 조금은…… 어쩌면 손가락 핑계로 피아노를 치는 걸 자꾸 피한 거 같아요. 아, 창피하다.

할아버지   창피할 것 없어. 누구나 그럴 수 있단다. 사람은 목적을 위해 감정도 선택하고, 때에 따라 감정을 꾸며내기도 하는 걸.

예 서   네? 감정을 선택할 수 있다고요?

할아버지   그래. 일부러 표정이나 감정을 원하는 대로 지어 내다는 얘기란다. 재미있는 실험을 하나 말해 줄까? 옛날에 독일의 과학자들이 볼펜 물기 실험을 했단다. 사람들을 모아 두 그룹으로 나누고, 한 그룹에게는 입술로, 다른 한 그룹에게는 이로 볼펜을 물게 했지. 자, 우리도 한번 해 볼까? 어떠냐? 이로 볼펜을 물면 웃는 표정이 되고, 입술로 볼펜을 물면 찡그린 표정이 되지?

예 서   으하하, 진짜네. 이로 물면 입이 벌어져서 웃는 표정이 되는데 입술로 물면 눈까지 찡그러져요. 우는 것처럼.

할아버지   그렇지? 그러고 나서 두 그룹에게 똑같은 만화 영화를 보여 주었단다. 만화 영화가 끝나고 사람들

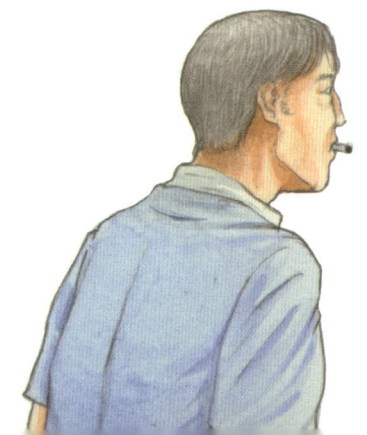

	에게 만화 영화가 재미있었냐고 물어봤지. 어떤 대답이 나왔을까?
예 서	이건 알겠다. 이로 볼펜을 문 사람들은 재미있다고 했고, 입술로 볼펜을 문 사람은 재미없다고 했죠?
할아버지	옳지! 억지로라도 웃었기 때문에 상황을 더 긍정적으로 바라보게 된 거란다. 재미난 만화 때문에 웃는 결과가 나온 게 아니란 걸 알 수 있지. 아무 이유 없이도 웃다 보면 만화 영화가 재미있다고 느껴지고, 또 아무 이유 없이 울다 보면 재미있는 만화 영화도 슬프게 느껴질 수 있음을 보여 주는 실험이란다.
예 서	억지로 웃는 건 돼요. 저도 가끔 억지로 웃을 때도 있거든요. 근데 할아버지, 화나는 건 다르지 않을까요? 억지로 화내는 건 안 될 것 같아요. 참을 수 없어서 화를 내는 거니까요.
할아버지	그렇게 생각하지? 많은 사람들이 그렇게 생각하지만, 실제로는 아니란다. 사람들은 종종 자기가 원하는 방향으로 상황을 만들려고 화를 이용하기도 한단다. 예를 들어 보자. 예서가 뭔가 잘못을

		많이 해서 엄마가 아주 화가 많이 났어. 그래서 큰소리를 내며 예서를 혼내고 있다고 생각해 보렴.
예	서	으악! 그건 상상하기도 싫어요. 엄마가 화나면 어떤지 아시잖아요.
할아버지		허허. 그래, 네 엄마는 화가 나면 목소리가 높아지지. 그런데 말이다, 그때 초인종이 울렸어. 인터폰을 확인해 보니, 늘 오던 택배 아저씨야. 엄마는 어떻게 택배 아저씨를 맞이할까? 여전히 언성을 높이며 "누구세요!" 하며 거칠게 말할까? 아니지. 아마도 목소리를 가다듬고 차분하게 말할 거야. 그리고 마음을 가다듬고 문을 연 다음, 택배를 받겠지? 세나가 상냥하게 고맙다는 말도 건넬 것이고. 그리고 택배 아저씨가 가고 나서 다시 큰소리를 내며 예서를 혼냈어. 자, 짧은 순간이지만 엄마가 상황에 따라 달라졌지? 왜 그런 걸까?
예	서	어…… 택배 아저씨는 잘못한 게 없으니까요?
할아버지		그래? 그럼 잘못했다고 해서 무조건 화를 내는 게 옳을까?
예	서	그건 아니에요.

할아버지	그래. 엄마가 큰소리로 혼을 낸 것은 참을 수 없어서가 아니란다. 큰소리를 내야만 예서가 엄마의 말을 들을 거라고 생각한 거지. 그리고 그게 엄마로서 해야 할 일이라고 생각했던 거야. 하지만 엄마가 뭐가 잘못된 건지 차근히 설명했어도 예서는 알아들었을 거야. 그렇지?
예 서	네, 그럼요! 말로 해도 다 알아들을 나이죠.
할아버지	그렇지! 그러면 이번엔 예서가 친구들과 놀다가 화를 냈을 때를 기억해 보자꾸나. 정말 참을 수 없어서 화를 냈을까? 혹시 친구를 이기고 싶어서, 내가 원하는 대로 되지 않으니까 목소리를 높이고 인상을 찌푸렸던 건 아니니? 우리 이렇게 해 보는 건 어떨까, 하고 말로 해도 되는데 말이다.
예 서	아아……. 그런 것 같기도 해요. 그런데 할아버지, 좀 이상해요. 뭔가 거짓말 같기도 하고요.
할아버지	그래, 뭔가 이상하지. 허허허. 처음부터 이해하긴 힘들 거야. 할아버지도 그랬거든. 그긴 그렇고, 언제 한번 할아버지, 엄마, 아빠, 예서 넷이서 예서가 피아니스트가 되는 걸 가지고 진지하게 이야기해 보자꾸나.

예   서   안 돼요, 할아버지!

할아버지   왜 안 되니?

예   서   잘 모르겠어요. 아무튼 당분간 엄마에겐 비밀 지키셔야 돼요. 엄마가 실망할까 봐 걱정되거든요. 아니, 화낼 수도 있어요.

할아버지   그게 걱정되는구나. 엄마가 실망한다고 해서 예서가 계속 피아니스트를 꿈꾼다면 그건 대체 누구의 삶일까? 예서의 삶이 맞을까? 그래서 예서는 행복할까? 내 삶을 제대로 살기 위해서는 다른 사람의 기대에서 벗어나서 내가 진짜 원하는 것을 먼저 생각해 볼 필요도 있단다. 그러니까 엄마가 실망할까 봐 너무 눈치 보지 않아도 돼. 그리고 할아버지가 장담하는데 엄마는 실망하지 않을 거야……. 예서야, 왜 가만히 있니?

예서는 할아버지를 원망스러운 눈빛으로 바라봤다. 그러고는 이내 울음을 터트렸다. 할아버지는 예서를 달래느라 쩔쩔매다가, 부랴부랴 냉동실에서 아이스크림을 꺼내 와 예서에게 건넸다. 시간이 흐르고 예서가 조금 진정된 모습을 보이자 할아버지는 말을 이었다.

할아버지	엄마가 실망하거나 화내는 일은 절대로 없을 거야. 오히려 엄마는 예서를 대견스럽게 생각할 거야. 할아버지가 약속!
예　서	정말이요? 정말 그렇게 생각하세요? 그걸 어떻게 아세요?
할아버지	아까도 말했지만, 엄마가 화를 내는 것은 어떤 이유가 있어서 화내는 것을 선택한 거겠지?
예　서	제가 피아니스트가 되지 않겠다고 해서 화내는 것이 아니라…….
할아버지	그렇지. 그리고 예서가 피아니스트를 하지 않는다고 엄마가 화를 내면 안 되겠지.
예　서	화를 내면 안 된다고요? 그래도 엄마니까…….
할아버지	음, 피아니스트가 되든 말든 그건 예서의 판단이지 않니? 예서의 판단이 그러한 데도 엄마가 화를 내기로 선택한다면 그건 뭘까? 그건 엄마가 자기

뜻대로 예서가 행동하길 바라서 화를 내게 되는 걸 텐데, 엄마는 평소에 예서의 뜻을 존중하는 편이지 않니? 분명히 이해할 거야.

예　　서　그게…… 음. 정말 이해하실까요?

할아버지　그럼! 그렇고말고. 예서야, 피아니스트가 되는 건 누구의 선택이지? 누가 판단하고, 누구의 삶이지?

예　　서　저요!

할아버지　그래, 그래서 엄마는 화를 낼 수 없는 거란다. 물론 엄마는 예서가 그런 선택을 내렸다고 해서 화를 내지도 않을 거야.

아들러의 서재에서 더 생각하기

예서는 앞으로 피아니스트가 되고 싶은 건지 아닌 건지 잘 모르겠나 봐. 예서가 행복해지려면 어떻게 행동하는 게 좋을까?
예서와 할아버지가 이야기한 내용을 곰곰이 생각해 보고, 어떻게 하는 게 가장 좋을지 골라 보자.

- ☐ 피아니스트가 되는 것을 꿈꾸며 더욱 열심히 피아노를 친다.
- ☐ 다른 좋아하는 것이 있는지, 있다면 무엇인지 생각해 본다.
- ☐ 정말 피아니스트가 되고 싶은지 곰곰이 생각해 본다.

나라면 어떻게 할까?

내가 할 수 있는 것과 할 수 없는 것

모처럼 시원한 바람이 부는 오후였다. 할아버지는 재활용품을 버리려고 커다란 봉투에 빈 병과 종이 상자를 정리하고 있었다. 할아버지는 텔레비전을 보던 예서에게 이층에 꺼내 놓은 상자에서 신문만 따로 내려 달라고 부탁했다. 예시는 할아버지의 부탁대로 신문 더미를 옮기면서 맨 위에 있는 신문을 유심히 바라보았다.

할아버지 뭘 그렇게 보니?

예 서 벌레가 파먹은 사과가 보여서요. 왜 벌레 먹은 사과가 신문에 났지? 아니네. 우박 맞은 사과?

할아버지 어디 보자. 어이쿠. 네 아빠가 태어나기도 전의

	신문이구나. 이걸 아직도 버리지 않았다니!
예　서	아빠가 태어나기도 전이요? 할아버지는 그렇게 오래된 건지 어떻게 아셨어요?
할아버지	아, 예서는 이런 신문은 처음 보겠구나. 여기 신문 꼭대기에 쓰인 게 보이지? 이게 연도하고 날짜란다. 보자. 1973년 7월 3일자 신문이구나.
예　서	정말 이렇게 한문이 많은 신문은 처음 봐요. 진짜 어려워 보여요. 또 글씨도 세로로 쓰여 있으니까 어디서부터 읽는 건지도 모르겠어요.
할아버지	예서가 보기엔 그렇겠구나. 요새 신문엔 한자가 거의 없기도 하고, 가로로 읽는 것에 익숙할 테니 당연히 낯설겠어. 예서야, 이렇게 세로로 된 글은 오른쪽부터 읽는 거란다. 그런데 사과는 왜? 어디 보자. 오, 그래. 예서 말대로 사과가 우박을 맞았구나.
예　서	그런데 할아버지 옛날에는 사과가 우박 맞은 게 신문에 날 정도로 큰일이었어요?
할아버지	그러게, 할아버지도 궁금하구나. 어디 자세히 한 번 볼까?
예　서	네!

아이디어로 살아난 과수원

미국 뉴멕시코에 사는 농부 제임스 영의 이야기이다. 제임스 영은 고산지대에서 사과 농장을 운영하고 있다.

그런데 얼마 전 사과 수확을 앞두고 제임스 영의 농장에 콩알만 한 우박이 내려서 사과에 상처가 생기고 말았다. 곧 내다 팔아야 할 사과가 죄다 상처가 생겼으니, 그 사과를 살 사람은 없어 보였다. 하지만 제임스 영은 고민 끝에 그 위기에서 벗어나게 되었다. 제임스 영은 다음과 같은 쪽지를 사과 궤짝에 넣고 함께 배송했다.

"우박이 내려 사과에 상처가 났습니다. 이 상처는 높은 고산지대에서 자란 사과라는 것을 증명하고 있습니다. 고산지대에서는 갑자기 기온이 낮아지는 일이 많아서 사과가 더 단단하고 달게 영글기에 맛이 아주 좋습니다."

우박 맞은 사과를 배달 받은 사람들은 농부의 편지를 읽고 볼품없는 사과를 맛보았다. 농부의 말대로 사과는 아주 맛있었다. 이런 입소문 덕분에 제임스 영이 재배하는 '우박 맞은 사과'는 더욱 유명하게 되었다.

예서　우아, 농부 아저씨 정말 대단해요.

할아버지　그러게 말이다. 저 농부는 '지금 가지고 있는 것을 어떻게 활용할지'에 대해 아주 잘 판단한 것 같구나.

예서　음, 사과를 그냥 버릴 수도 있었는데……. 잘 팔았다는 거죠?

할아버지　허허, 그래. 예서 같으면 저런 상황에서 어떻게 행동했겠니?

예서　제가 다 먹어버리거나 그냥 사람들 나눠 주지 않았을까요?

할아버지　그것도 좋은 생각이지. 그런데 사과를 팔지 못하면 농장을 운영하기 힘들지 않을까?

예서　아, 그래요? 그런 생각까진……. 음, 저는 아직 어려서 저런 생각은 못할 거 같아요.

할아버지　그렇게 생각하는구나. 방금 예서도 아직 어리다는 말을 했듯이 우리는 보통 '지금 가지고 있지 않은 것'에 집중하는 경향이 있지. 아! 혹시 오해는 말아다오. 이건 예서가 그렇다는 게 아니니까. 알겠지?

예서　네.

할아버지	그러니까, 사람들은 어떤 일을 하기 싫거나 혹은 불행하다는 생각이 들 때면 흔히 그 원인을 '없는 탓'으로 돌리기도 하거든. '나는 ○○를 가지지 않았으니 ○○를 할 수 없다' 혹은 '내게 ○○가 없으니 불행하다'는 식으로 핑계를 대고 탓을 하지. 다시 말하면 지금 있는 것을 활용하려는 노력보다는 무엇이 없는지에 중점을 두고, 미리 안 될 거라고 포기를 하기도 한다는 거야.
예 서	그런데 할아버지, 지금 가진 게 조금이면 할 수 있는 게 조금이잖아요. 아! 저도 그렇잖아요. 제 손가락이요. 전 지금 손가락이 짧으니까 어려운 곡 치는 게 힘들잖아요. 만약에 제가 지금 긴 손가락을 가졌다면 어려운 곡을 좀 더 쉽게 칠 수 있을 건데요?
할아버지	그렇게 생각하는구나. 그러면 예서는 혹시 라울 소사라는 사람을 아니? 왼손 피아니스트로 유명한데.
예 서	라울 소사? 처음 들어요.
할아버지	예전에 우리나라에 와서 공연한 적도 있었는데, 그 사람은 어렸을 때부터 피아니스트로 뛰어난

	실력을 자랑했었대. 그런데 마흔 살에 사고로 오른손 손가락이 마비가 되어서 오른손으로는 피아노를 칠 수가 없게 되었단다.
예 서	어머나! 정말요?
할아버지	그래. 그런데 포기하지 않고 왼손으로 피아노 치는 것을 꾸준히 연습했단다. 그리고 황금의 왼손 피아니스트라는 애칭도 얻을 정도로, 사람들에게 사랑받고 감동을 주는 피아니스트가 되었지.
예 서	정말요? 우아! 어떻게 그럴 수가 있지? 두 손으로 치는 것도 힘든데……. 대단해요!
할아버지	그러게. 라울 소사는 어떻게 그럴 수 있었을까? 라울 소사가 마비된 오른손, 즉 '그때 자기가 가지지 않은 것'에 중점을 뒀다면 어땠을까?
예 서	아, 그랬다면 아마 피아노를 계속 치지 못했을 것 같아요……. 할아버지, 할아버지가 무슨 말을 하시는지 쪼금 알 것 같아요.
할아버지	쪼금? 허허허. 그래도 다행이구나. 그럼 예서도 지금 있는 것을 어떻게 활용할지 곰곰이 생각해 보겠니?
예 서	네! 어렵지만 해 볼게요.

엄마가 출장을 가고 난 뒤부터였다. 할아버지는 예서에게 무엇인가를 보여 주고, 자주 뜬금없는 말을 하곤 했다. 사실 예서는 할아버지의 아리송한 말이 이해되질 않았다. 가끔은 전혀 이해하지 못하는데도 신나게 이야기하는 할아버지에게 미안한 마음에 잠자코 듣고만 있었다. 하지만 오늘 이야기는 달랐다. 다락에 숨겨진 보물 상자를 발견한 것처럼 신비롭고 들뜬 기분이 들었다.

아들러의 서재에서 더 생각하기

내 눈에는 쓸모없이 보이는 상처투성이 사과가 다른 사람 눈에는 소중한 보물로 보일 수도 있어. 내가 무엇을 가지고 있느냐, 없느냐가 중요한 것이 아니라, 지금 내가 가지고 있는 것을 어떻게 잘 활용하는 것이 중요하다는 사실 잊지 마.

그렇다면 지금 내가 가지고 있는 건 무엇이고, 그걸 어떻게 활용할 수 있을까?

예) 내 방은 우리 집에서 가장 작아. 그래서 공부를 하거나 책을 읽을 땐 아늑한 게 참 좋아. 그리고 동생이 놀자고 조르면 집 앞 놀이터에 나가거나 거실에서 장난감을 벌여 놓고 놀면 돼.

친구를 믿으면 더 행복해져

예서는 매일같이 엄마와 전화를 했다. 하지만 엄마가 있는 곳과 예서가 있는 곳은 열여섯 시간이나 차이가 나서 때를 잘못 맞추면 통화를 못하는 날도 있었다. 대신 엄마가 일이 일찍 끝나고 예서가 학원에 가지 않는 주말이면 노트북으로 영상통화를 길게 할 수 있었다. 오늘이 바로 그런 날이었다. 그런데 이상하게도 자꾸 영상이 끊겨 통화하기가 힘들었다. 결국 내일 다시 통화하기로 하고 전화를 끊었다. 예서는 무심결에 노트북의 사진 폴더를 클릭했다.

할아버지 벌써 통화가 끝났니?
예 서 네. 오늘 학원도 안 가는데, 자꾸 끊어져서 내일

	다시 하기로 했어요.
할아버지	속상하겠구나.
예 서	괜찮아요. 그래도 아예 안 한 거보다는 나으니까.
할아버지	그런데 뭐 하고 있니?
예 서	사진 봐요. 할아버지, 이 사진 보셨어요? 전에 다니던 학교에서 한 건데.
할아버지	처음 보는 사진이구나. 그림이 아주 잘 맞춰졌네. 모두들 연습하느라 힘들었겠어.
예 서	네, 엄청 엄청 힘들었어요. 남자애들이 장난쳐서 더 힘들었어요.

할아버지 허허허, 장난꾸러기 녀석들이 있지. 그래도 해냈구나.

예 서 네, 선생님한테 엄청 혼나면서 했어요. 어떤 애가 장난치다가 혼나면 또 다른 애가 딴청을 피고……. 아휴!

할아버지 뭐가 가장 힘들었니?

예 서 똑같은 시간에 한꺼번에 자기가 맡은 카드를 넘겨야 되는데, 여기저기서 틀리니까 자꾸 다시 했거든요.

할아버지 그래, 자꾸 다시 하는 게 힘들었겠구나.

예 서 아휴! 지금도 생각만 하면…… 아휴!

할아버지 그런데 예서는 언제나 정확한 시점에 카드를 넘겼니?

예 서 그럼요! 저는 시간에 딱 맞추어서 카드를 넘겼어요. 완전히 정신을 집중해서 딱 넘겼다고요.

할아버지 그랬구나. 그런데 예서는 왜 그렇게 했니?

예 서 네? 당연하잖아요.

할아버지 뭐기 당연하니?

예 서 제가 카드를 제때 넘기는 거요. 그렇지 않으면 그림이 안 맞으니까 다시 해야 하잖아요. 그러면 저

	도 그렇고 다른 애들도 힘들어지잖아요.
할아버지	우리 예서가 대단한 생각을 했구나. 다른 아이들이 카드를 넘기든 넘기지 않든 상관없이 네가 가지고 있는 카드를 제때에 넘기려고 노력했다는 거네.
예　서	네. 그리고 몇 명만 빼고, 거의 다 잘 넘겼어요.
할아버지	그래, 예서가 아주 중요한 걸 알고 있었네. 그렇게 예서는 친구들이 어떻게 행동하든지, 언젠가는 제때 친구들이 카드를 들어 올릴 거라고 믿으면서 자기 할 일에 집중하면 되는 거야.
예　서	아, 이상하다. 그냥 그런 건데. 중요한 건지 몰랐어요. 내가 할 일에 집중하면 된다? 이것도 수수께끼 같아요. 내가 할 일에 집중하면 뭐가 좋아요?
할아버지	허허허. 내가 할 일에 집중하게 되면 행복하게 되지요. 행복은 다른 사람하고의 관계에서부터 시작되거든.
예　서	잘 이해가 안 가요.
할아버지	다른 친구들도 예서처럼 제때 카드를 넘기면서 제 역할을 했으니까 이렇게 예쁜 그림이 완성되

었겠지?

예 서　네.

할아버지　예서가 다른 친구들이 카드를 잘 넘기는지를 확인하려고 했다면, 아마 카드를 제때 넘기지 못했을 거야. 혹은 네가 화가 난다고 카드를 넘기지 않았다면, 다른 친구들도 마찬가지 마음이었다면? 연습은 끝이 없었겠지.

예 서　맞아요. 지금도 연습하고 있었을 거예요. 크크.

할아버지　그래. 예서는 앞으로도 저마다 맡은 일은 잘할 거라는 기본적 믿음을 가지고, 연습 때처럼 내게 있는 카드를 성실히 넘기면 돼. 내가 대신 넘겨줄 수도 없는 다른 사람의 카드에 과도하게 신경 쓴다면, 내 마음대로 되지 않는 일 때문에 행복할 수 없을 테니까.

예 서　아, 대충 알 거 같아요. 그때 제가 다른 친구들을 믿지 못하고, 제가 할 일을 제대로 하지 않았다면, 더 힘들었을 거예요. 맞아요. 그러니까 앞으로도 남 생각 말고, 제 할 일을 열심히 하면 되는 거죠?

할아버지　그래, 그렇지만 조심할 게 있어. 다른 사람의 의견을 믿고 존중해야 한다는 것을 꼭 기억하자!

예서 아!

할아버지 우리는 서로 어울려 살 수밖에 없는 운명이야. 예서만 해도 할아버지나 엄마, 아빠 없이 혼자 살 수는 없잖니? 선생님이나 친구들도 그렇고. 이 말은 우리는 끊임없이 주변 사람들과의 관계, 즉 인간관계를 맺을 수밖에 없다는 걸 의미해. 흔히 말하는 행복이나 불행도 모두 이런 인간관계에서 오는 거고. 그래서 나의 과제와 다른 사람의 과제를 나누어 생각할 필요가 있단다. 내가 어떻게 할 것인가를 생각하면서 내 옆의 사람을 믿고 존중해야 해. 물론 내 옆의 사람이 나를 믿지 않을 수도 있겠지만, 그것 역시 그 사람의 과제라서 내가 어떻게 할 수는 없어. 나는 내 할 일만 집중하면 되는 거야. 단, 내 옆에 있는 사람의 의견에 귀 기울이면서. 그렇게 '주변 사람을 믿는 마음'과 '다른 사람의 과제와 나의 과제를 분리하는 것'은 서로의 역할과 책임의 경계를 분명하게 하지. 곧 이것이 바로 인간관계를 풀어가는 열쇠이자 행복으로 가는 길이 될 거란다.

아들러의 서재에서 더 생각하기

행복으로 가는 열쇠 풀이

행복하게 만드는 생각을 조금씩 키우면 지금보다 더 행복해질 수 있어. 빈칸에 행복으로 안내하는 말을 채워 보자.

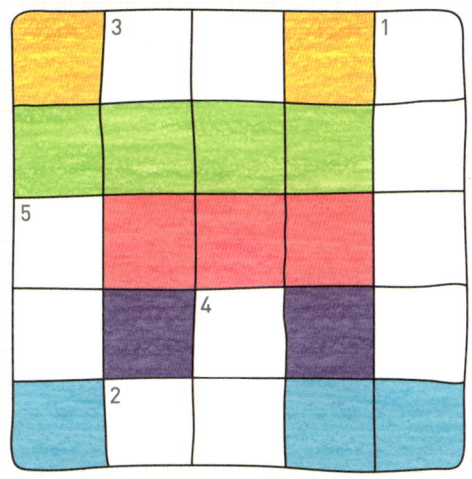

1. 행복이나 불행은 ○○○○에서 시작된다.
2. 내가 할 일에 ○○하게 되면 행복해진다.
3. 다른 사람의 과제와 나의 과제를 ○○하자.
4. 옆의 친구를 믿고 ○○하자.
5. 사람들은 나의 ○○다.

답 80쪽.

PART 2

함께 어울릴 수 있는 용기

형제 · 친구

이 세상에 나 혼자만 있다면

예서가 반 친구들과 놀고 집으로 들어왔다. 할아버지는 예서를 반기며 손에 들고 있던 책을 한쪽으로 치웠다. 예서는 책을 보고 키득거렸다.

예　　서　할아버지, 『미운 오리 새끼』 읽고 계셨어요? 크크.
할아버지　허허허. 그래, 뭐가 그렇게 재미있니?
예　　서　아니, 어른이 그림책 읽으니까 신기해서요. 난 그거 어릴 때 다 읽었는데.
할아버지　껄껄껄. 할아버지도 이야기는 알지. 저번에 이층을 정리할 때 이게 나와서……. 나도 모르게 보고 있었구나. 그럼 예서는 『미운 오리 새끼』 이야기를 지금도 기억하고 있니?
예　　서　그럼요. 어렸을 때 하도 많이 읽어서 다 기억나요. 미운 오리 새끼가 알고 보니 아름다운 백조였다는 얘기예요. 음, 더 자세히 말해요?
할아버지　그래, 말해 보렴.
예　　서　새끼 오리가 태어났는데 못생겨서 구박을 받아요. 그리고 집에서 쫓겨났어요. 그래서 여기저기 떠돌며 살았는데, 우아한 백조가 되어서 나중에 행복해졌어요. 끝!
할아버지　허허허. 간단하게 정리를 잘해 줘서 고맙구나.
예　　서　에이, 별 거 아니에요.
할아버지　큰 줄거리는 미운 오리가 못생긴 외모 때문에 불행했는데, 우아한 외모가 되어서 행복해졌다는 거네. 그런데 말이야, 미운 오리는 외모가 아름답지 않아서 불행했던 걸까? 그러면 아름답지 않은 사람들은 행복할 수 없을까?

예 서 어, 그게 행복할 수는 있겠지만, 미운 오리처럼 특히 주변에 있는 사람하고 다르게 생겼다면 고민이 될 거예요. 아마 엄청 불행하진 않아도 행복하지는 않을 걸요. 음, 사실 저만 봐도 그래요. 같이 다니는 친구들은 머릿결이 엄청 좋은데, 저만 돼지털 같거든요. 그러니까 친구들하고 더 비교되고……. 머릿결을 생각하면 마음이 좀 그래요. 행복하지 않아요.

할아버지 그런 고민이 있었구나. 할아버지는 적당히 곱슬곱슬한 예서 머리카락이 보기가 좋은데……. 마음먹기에 따라 행복해질 수는 없을까? 행복도 선택할 수 있을 거라고 생각하는데?

예 서 아이 참, 마음먹는다고 바뀌는 게 아닌데. 스트레이트파마를 해도 금방 풀리고. 휴, 외모는 타고나는 거니까 바꾸기 힘들어요. 할아버지는 친구들 중에 나만 곱슬머리인데도 행복할 수 있다고 생각하시는 거예요?

할아버지 그럼 충분히 행복해질 수 있지. 찬찬히 이야기해 볼까? 먼저 예서는 혹시 우월감을 느껴 본 적이 있니?

예 서 우월감…… 아, 잘났다고 뽐내는 거요?

할아버지 비슷해. 자기가 남보다 낫다고 생각하거나 낫다는 느낌을 받아서 생기는 감정이지. 예서는 그런 느낌을 받은 적 있니?

예 서 음, 가끔 있었던 것 같아요. 선생님이 저를 칭찬할 때, 애들 앞에서 발표할 때? 아, 피아노 대회에서 상 받았을 때요!

할아버지 그렇구나. 예서는 그럴 때 우월감을 느꼈구나. 그러고 보니 요새는 네 아빠 때보다 경쟁이 더 심해신 것 같구나.

예 서 요즘은 경쟁 시대라고 하잖아요. 우리는 태어나면서부터 경쟁한다고 그러던데요.

할아버지 허허허. 별걸 다 아는구나. 그래, 지금 예서는 성적 경쟁, 나와 남의 외모를 비교해서 나를 판단하는 경쟁……. 또 눈에 보이지 않는 수많은 경쟁 속에 살고 있네. 그 속에서 우월감을 느끼기도 하고…….

예 서	우월감을 느끼는 게 나쁜 거예요?
할아버지	꼭 그런 건 아니야. 사실 인간이라면 누구나 우월감을 느끼고 싶어 하거든. 사람은 누구나 지금보다는 나아지기를 바라는 마음을 가지고 있으니까. 그런 기본적인 마음이 없었다면 예서가 지금 좋아하는 만화나 컴퓨터, 음악 들은 나오지 못했을지도 몰라. 지금보다 나아지고 싶다는 마음이 우리 인간을 발전시키는 밑바탕이 되기도 한단다. 예서는 그런 마음이 없니?
예 서	저도 지금보다 나아지기를 바라는 마음이 있어요. 요즘 저는 학교 학예회 때 반 대표로 뽑혀서 노래하고 춤추고 싶다는 생각을 해요. 그러면 인기가 많아지거든요.
할아버지	그러면 그렇게 하면 되지.
예 서	근데 저는 키가 좀 작아서요. 얼굴도 좀 더 예쁘면 확실히 뽑힐 텐데.
할아버지	왜? 예서는 또래에 비해 키도 큰 편이고, 얼마나 예쁘고 귀여운데.
예 서	그건 할아버지가 우리 할아버지라서 그래요. 저는 그냥 키도 얼굴도 보통이에요. 학교엔 저보다

훨씬 키가 크고 예쁜 애들이 무지무지 많아요.
중학생 언니 같은 애들도 있어요.

할아버지 그러니? 하지만 예서도 충분히 예쁘단다.
더 예쁘지 못해서 슬프기라도 한 거니?

예 서 막 슬픈 건 아니지만, 더 예뻐지고 싶어요.

할아버지 그 정도라면 다행이구나.
사람이 겪는 모든 종류의 감정과
고민은 사실 다른 사람과의
관계에서 발생한단다.
전에 한번 이야기한 것 같은데.
그렇기 때문에 다른 사람의 과제와
나의 과제를 나누어 생각하면
행복해신나고.

예 서 네, 얼마 전에 카드 섹션 연습
얘기할 때 말하셨어요.
그런데 이상한 게요,
제가 키 때문에 고민하는 건
저만의 고민이잖아요?
제가 해결해야 하는……. 그게
왜 다른 사람들하고 관계가 있어요?

이 세상에 나 혼자만 있다면 • 75

할아버지	만약에 세상에 예서 혼자 산다고 상상해 보렴. 예서가 키가 작은 게 고민이 될까? 예서보다 키가 크거나, 작은 사람이 세상 어디에도 없다면 키에 대한 고민은 쓸데없는 거잖니?
예 서	어? 그렇게 생각하면 정말 그래요! 그런데요, 그럼 제 키에 대한 고민이 제 문제가 아니란 거예요?
할아버지	예서의 문제이기도 하고, 예서의 문제가 아니기도 하지.
예 서	네? 아, 또 알쏭달쏭 수수께끼 나왔다. 할아버지, 어려워요.
할아버지	아, 그래. 쉽게 말하자면, 예서의 고민은 지금 다른 친구들과 비교하기 때문에 나온 거지? '어, 내가 쟤보다 키가 더 작네. 내가 쟤보다 더 못 생겼어.' 이러한 감정은 인간이 혼자 살 수 없기 때문에 생기는 거란다. 예서뿐 아니라 많은 사람들이 다른 사람과 자기를 비교하고, 자기가 못났다고 느껴져서 우울해하기도 한단다. 자기가 못났다고 느껴지는 것을 사람들은 흔히 '열등감'이라고 표현하지.

예 서	그럼 열등감은 나쁜 건가요?
할아버지	꼭 그런 것만은 아니란다. 열등감 자체는 조금도 나쁘지 않단다. 아까도 말했지? 사람은 누구나 지금보다 더 나아지길 바란다고. 열등감도 어쩌면 더 나아지길 바라는 마음 때문에 생기는 것이거든. 예서도 피아노를 칠 때 못 친다는 생각이 들면 더 잘 치기 위해서 노력하지 않니?
예 서	맞아요! 그러면 열등감은 나쁜 게 아니네요!
할아버지	하지만 예서가 키가 작고 얼굴이 예쁘지 않아서 춤을 못 추고 반 대표가 될 수 없다고 포기해 버린다면 그건 문제가 된단다. 이건 사실 열등감이 아니라 '열등 콤플렉스'라고 하는데, 하나의 핑계를 대는 거지. 나쁜 열등감이라고 표현하면 좋을까? 무슨 말인지 알 수 있겠니?
예 서	쪼금 알거 같아요.
할아버지	그러면 차근차근 이야기해 보자. 예서가 '춤을 추지 못해서 더 잘 추고 싶다. 더 잘 추기 위해서 노력하자.'라고 하는 것은 열등감이 좋은 방향으로 발전한 것이란다. 근데 '키가 작고 예쁘지 않아서 춤을 못 추고, 그래서 반 대표가 될 수 없다.'라고

	지레 포기하는 것은 문제가 된다는 말이야.
예 서	하지만…… 진짜예요. 키가 작으면 춤을 출 때 멋있는 동작이 안 나와요. 그래서 보통 키가 큰 애들이 반 대표로 뽑힌단 말이에요.
할아버지	그래도 예서는 반 대표로 나가서 춤을 추고 싶은 거잖니?
예 서	네!
할아버지	그러면 예서가 가진 걸 활용해 보렴. 음, 예서만이 출 수 있는 춤 같은 거?
예 서	아휴! 그건 더 어렵죠. 다들 얼마나 잘 추는데요. 제가 추는 춤은 다른 아이들도 다 잘 춰요. 할아버지가 못 보셔서 그래요. 키가 큰 애들은 꼭 어른처럼 춤을 춰요.
할아버지	그러니? 몰랐구나. 그런데 할아버지 생각에는 잘 추는 것과 예서만이 출 수 있는 춤은 조금은 다른 거 같은데. 예를 들면, 예서는 아기자기한 춤을 춰 보는 거야. 예서보다 키가 큰 아이들은 추고 싶어도 잘 표현이 안 되는 동작이 있을 텐데. 그런 춤은 예서가 오히려 더 잘 표현할 수 있지 않을까? 그리고 할아버지는 어른처럼 춤을 추는 게

	꼭 멋있다고 생각하진 않아. 어려울까?
예 서	아! 그렇게는 생각…… 못했어요. 그냥 반 대표로 뽑히지 못할 거 같아서 화만 났는데……. 할아버지 말이 맞아요. 남을 따라서 추는 춤이 아니라, 제가 잘할 수 있는 춤이 있을 거예요.
할아버지	그래. 할아버지도 예서 마음을 모르는 게 아니야. 그렇지만 예서가 그런 어려움들을 잘 헤쳐 나갈 거라 믿는단다. 물론 쉽지는 않을 거야. 할아버지도 어떤 춤이 좋을지 한번 생각해 보마.
예 서	정말 할아버지가 춤을요? 아, 재밌겠다. 나중에 같이 동영상 찾아 봐요, 꼭이요!

아들러의 서재에서 더 생각하기

지금 나에게 더 나아지면 좋겠다고 생각하는 부분은?

'할 수 없어'라고 미리 포기한 것이 있다면?

나만 가지고 있는 게 무엇일지 곰곰이 생각해 볼까?

나에게만 있는 걸 좋게 쓸 방법을 생각해 보자.

67쪽 답 1 인간관계 2 집중 3 분리 4 존중 5 친구

인기가 많으면 무조건 좋을까?

할아버지   아까 예서가 반 대표로 뽑혀서 춤추고 싶은 이유가 인기가 많아지기 때문이라고 했었지?

예　서   네, 그러면 좋잖아요!

할아버지   그래, 인기가 많아지면 좋은 점이 있나 보네?

예　서   사람들한테 관심도 많이 받고 멋져 보이잖아요. 저랑 친해지고 싶어 하는 애들도 많아질걸요.

할아버지   그렇구나. 그럴 때 예서는 우월감을 느끼는 모양이구나.

예　서   네. 그런데 왜요, 할아버지?

할아버지   음, 좀 걱정이 되어서. 예서가 춤을 추고 나서 스스로 '내가 잘해냈구나, 내가 발전했구나,' 하고 스스로 자랑스러움과 뿌듯함을 느끼는 건 문제 될 게 없는 자연스러운 감정인데, 다른 사람의 시선이나 칭찬 때문에 우월감이 드는 건 문제가 되거든.

예서   칭찬받아서 기분 좋고
우월감을 느끼는 게 나빠요?

할아버지   좀 혼란스럽지?
이렇게 생각해 보자.
예서가 춤을 잘 췄는데도
사람들이 관심을 갖지 않는다면
예서 기분은 어떨까?

예서   사람들이 관심을 갖지 않으면
기분이 별로 좋지 않을 거 같아요.

할아버지   왜 그럴까?
예서가 좋아하는 춤을 노력해서
스스로 만족스럽게 췄다면,
다른 사람이 칭찬을 하든 말든,
춤을 추는 것만으로도
예서는 기분이 좋아야 할 텐데.
그렇지 않다는 건 어찌 보면,

다른 사람들에게 박수를 받고 싶어서 춤을 췄다는 건 아닐까?

예 서 　아, 그건 아니죠. 제가 좋아서 추는 거죠! 제가 좋아서 추는 거지만, 관심도 받고 칭찬을 받는 게 기분이 좋은 거고요.

할아버지 　할아버지가 하려는 말은 예서가 춤을 좋아하고 멋진 춤을 추고 싶어서 하루하루 노력했다면 그걸로 충분하다는 거야. 예서가 다른 사람의 기대와 칭찬을 기대한다고 쳐 보자. 열심히 노력해서 춤 실력이 늘어났는데도 사람들이 박수를 치지 않는다면 어떨까? 아마 '내가 기대만큼 못한 탓이야.'라고 생각하며 자기를 탓하며 불행하다고 느끼지 않을까?

예 서 　…….

할아버지 　예서야, 예서는 예서의 인생을 살면 되는 거야. 하고 싶거나 좋아하는 일이 있다면 다른 사람들의 관심과 칭찬하고는 관계없이 열심히 차근차근 해 나가면 된단다.

예 서 　네……. 그런데요, 좀 어려워요.

할아버지 　음, 예서야! 혹시 SNS를 하고 있니?

예 서 네, 모르는 사람이랑 허락 없이 친구하지 않기, 욕 쓰지 않기, 엄마가 원할 땐 언제든지 보여 주기……. 뭐 그런 거 약속하고 만들었어요.

할아버지 그러면 '제니'라는 사람을 한번 찾아보렴. 어디서 보니까 SNS 스타라고 하던데.

남한테 인정받지 않아도 괜찮아

예 서   어? 이 언니는 이제 SNS 안 한대요. 그런데 전에 올린 사진 보니까 정말 예뻐요. 친구도 정말 많다. 아주 인기가 좋았나 봐요.

할아버지   그래? 할아버지도 좀 보자. 왜 이제 안 한다니?

예 서   SNS 때문에 불행해졌대요. SNS에 있는 자기는 진짜 자기가 아니라고 사진을 다 삭제할 거래요.

할아버지   음, 아마도 처음에 예쁜 사진을 올렸을 때 사람들이 관심을 가져주고, 다들 예쁘다고 하니까 기분이 좋았을 거야. 하지만 계속 그런 이야기를 들으려면 더 예쁜 사진을 올려야 했겠지? 그러는 동안 사진을 더 예쁘게 꾸며야 했을 수도 있고, 마음이

힘들어도 기쁜 척 웃어야 했을지도 몰라. 다른 사람이 보고 싶은 모습을 보이려다가 실제 자기 자신은 잃어버린 거지. 다른 사람들의 관심과 칭찬에 너무 얽매이면 이렇게 된단다. 이게 과연 행복한 삶일까?

예　서　아……! 어쩌면 SNS 속 제니 언니는 진짜 제니 언니가 아닐 수도 있겠네요. 사람들이 원하는 대로 꾸며낸 건지도 몰라요. 그렇다면 진짜 자기 모습을 들키게 될까 봐 겁이 났을 것 같아요……. 조금 알 것 같아요.

할아버지　그래. 남의 기대에 맞춰 산다면 이런 일이 생긴단다. 예서야, 전에 '내 삶의 주인은 바로 나'라고 했던 말 기억나니?

예　서　네, 기억나요. 그때 남의 말을 너무 잘 듣는 것도 문제라고, 선택을 하는 건 나라고 그랬는데.

할아버지　그래. 다른 사람의 기대에 맞추어 살다 보면 정작 내 삶이 아닌 다른 사람의 삶을 사는 경우가 있다고도 말했지. 마치 제니처럼 말이다. 아까 말한 춤도 그래. 다른 사람들한테 인정받기 위해서 춤을 춘다면 어떻게 되겠니?

예 서	음······. 처음에는 재미있을지 몰라도 시간이 가면서 힘들고 짜증날 것 같아요. 내가 추고 싶은 춤은 따로 있는데 사람들이 좋아할 것만 같은 춤만 추게 될지도 모르고요. 그러면 춤 연습도 싫어질 거고, 나중에는 춤추는 게 아예 싫어질지도 모르겠어요.
할아버지	그래. 남한테 예쁘다는 말을 듣지 않아도, 춤을 잘 춘다고 인정받지 못해도 괜찮아. 나 스스로 내 자신에게 자신감을 가지고, 더 나아지기 위해 노력하는 것만으로 충분하단다. 시험을 생각해 보렴. 누가 굳이 잘했다고 칭찬을 하지 않더라도, 시험 점수가 더 오르면 기분이 좋았지? 숙제도 더 열심히 할 마음도 생기고 말이야.
예 서	맞아요. 그랬어요!
할아버지	행복은 다른 사람이 주는 것이 아니란다. 남에게 어떻게 보일까 너무 신경 쓰지 말고, 내가 원하는 것을 먼저 생각해 보면 좋겠구나. 그런 용기를 낼 수 있겠니?
예 서	노력해 볼게요. 행복은 다른 사람이 주는 게 아니라, 내가 노력해야 하는 것이니까요.

할아버지 그래, 할아버지도 많이 도와주마. 어이쿠, 벌써 저녁 먹을 시간이네. 오늘은 이쯤하고 다음번에 또 이야기하자꾸나.

아들러의 서재에서 더 생각하기

나를 중심에 놓고 생각하는 연습을 해 볼까? 빈칸에 이름을 적어 넣고 읽어 보면, 나만의 멋진 시가 될 거야.

내 삶의 주인은 나

　　　　　　　세상의 주인공은 　　　　　　　.

거울 속에 　　　　　　　가 웃고 있네.

　　　　　　　의 생각을 품고

　　　　　　　의 목소리로 노래를 부르는

　　　　　　　가 보여.

세상엔 뚱뚱한 사람, 홀쭉한 사람

키가 큰 사람, 키가 작은 사람, 아주아주 다양하지만

　　　　　　　　　세상에서는　　　　　　　가 주인공.

하루하루 손톱만큼씩 자라며

　　　　　　　에게 주어진 선택의 기회를

　　　　　　　가 판단하고 선택하면서

　　　　　　　의 아름드리 행복 나무를 가꾸는 거야.

　　　　　　　세상의 주인공은　　　　　　　니까.

'지금' 내가 할 수 있는 것이 중요해

며칠 뒤, 예서와 할아버지는 시원한 주스를 한 잔씩 들고 다락으로 올라가 지난번에 이어 『미운 오리 새끼』에 대해 이야기를 나누기 시작했다.

할아버지   다시 한번 『미운 오리 새끼』 줄거리를 말해 보겠니?

예　　서   벌써 잊어버리셨어요?

할아버지   며칠 지났으니까 한번 더 정리해 보면 좋을 것 같아서 그래. 자, 말해 보렴.

예　　서   하하하. 네, 잘 들으세요. 원래 백조인 미운 오리가 실수로 오리 식구들과 같이 자란 거예요. 그래

	서 미운 오리는 가족 오리들하고 다르게 생겨서 따돌림을 당했어요. 그래서 집에서 나갔는데, 가는 곳마다 구박을 받아서 아주 불쌍하게 지내요. 그러다 우아한 백조가 되어서 나중에 행복해져요.
할아버지	그래, 고맙구나. 예서야, 미운 오리는 집에서 나가는 걸 선택했어. 집에서 나가는 것 말고 다른 선택은 없었을까?
예 서	음……. 버티기 너무 힘들었을 것 같아요. 저번에 할아버지와 이야기한 것처럼 내가 가진 것에 집중할 수도 있었겠지만…… 못생긴 것 때문에 따돌림 당하고 구박당하고…… 저라도 집을 나왔을 것 같아요.
할아버지	그렇긴 하지. 그런데 세상에 완벽한 사람은 없단다. 전에 사람은 누구다 더 나아지고 싶은 욕구가 있다고 했었지?
예 서	네. 하지만 외모는 어쩔 수 없잖아요?
할아버지	그래, 외모는 우리가 태어날 때부터 '주어진' 것이기에 바꿀 수 없지. 그렇기에 우리는 '바꿀 수 있는 것'과 '바꿀 수 없는 것'을 구분할 필요가 있어. 바꿀 수 없는 것에 집중하고 힘을 빼 봤자 무슨 소

'지금' 내가 할 수 있는 것이 중요해 • 93

	용이겠니? 그저 내 몸과 마음만 힘들 뿐이지.
예 서	그건 그래요. 그래서 미운 오리도 마음이 많이 아팠을 거예요. 외모는 바꿀 수 없으니까요.
할아버지	그런데 말이다, 할아버지는 이런 생각도 해 봤어. 혹시 말이야. 미운 오리가 집에서 나가고 싶어서 '나는 못생겨서 구박받는 거야.'라고 핑계를 댄 것은 아닐까?
예 서	네? 말도 안 돼요!
할아버지	왜 말이 안 될까? 예서도 학교 가기 싫을 때 배가 아프다고 한 적이 있지 않니?
예 서	그건 학교 가기 싫어서 그런 거죠. 세상에 집을 나가고 싶은 사람이 어디 있어요! 미운 오리는 못생겼다고 구박받았기 때문에 쫓겨난 거잖아요. 외모는 고칠 수도 없는데 어떻게 핑계가 될 수 있어요!
할아버지	물론 견디기 힘들 정도로 다른 오리 식구들의 구박이 심했을 수도 있지. 그런데 예서도 여러 위인전을 읽어 봐서 알겠지만, 아주 어려운 조건에서도 굳세게 자신의 꿈을 이룬 사례가 참 많지 않니? 만약에 미운 오리가 진심으로 오리 가족과 함께

있고 싶었다면 다른 여러 가지 방법으로 오리 식구들의 마음을 돌릴 수도 있지 않았을까?

예　　서　어떻게요?

할아버지　전에 말했던 라울 소사 이야기 기억하지?

예　　서　아, 지금 내가 가진 것을 활용하는 게 중요하다. 없는 것 때문에 포기하지 말자?

할아버지　옳지! 그 원리를 여기에 적용해 보자꾸나. 이를테면 백조가 오리보다 더 크지 않니?

예　　서　네, 백조가 더 커요.

할아버지　그럼 힘도 세겠구나?

예　　서　그거야, 아마도 그러겠죠?

할아버지　그렇다면 그 힘을 이용해서 물고기를 더 많이 잡을 수도 있었겠지? 그걸 오리 식구들한테 나누어 준다면?

예　　서　아, 그럴 수 있겠다. 또 다른 동물들이 식구들을 못살게 굴면 미운 오리가 대신 혼내 줄 수도 있었을 거예요!

할아버지　그래, 그럴 수도 있었겠구나. 또 그렇게 지내다 보면 오리 식구들과 정도 쌓이고, 어쩌면 집에서 나갈 생각까지 안 해도 되었겠구나.

예 서	오, 그럴 것 같아요!
할아버지	그래, 그런 거란다. 미운 오리가 오리 식구들과 살게 된 과거도, 변할 수 없는 생김새가 중요한 게 아니었어. 미운 오리에겐 과거와 지금 가지고 있는 것을 그대로 인정하고 그걸 어떻게 사용할 것인가, 즉 '자기 수용'이 필요했던 거지.
예 서	자기 수용이요?
할아버지	나의 바꿀 수 없는 부분은 받아들이고, 바꿀 수 있는 것은 바꾸는 '용기'를 내는 것을 말한단다. 미운 오리는 바꿀 수 있는 것을 바꾸는 용기를 미처 내지 못했어. 예서는 키가 작아서 고민이라고 했지? 아직 어리니까 앞으로 키가 더 클 여지는 많단다. 물론 그렇지 못할 수도 있어. 그렇다고 해서 바꿀 수 없는 키에만 신경 쓰면서 불행하다고 할 거니? 예서는 피아노를 잘 치잖아. 그건 키가 크건 작건 전혀 상관없는 일이고. 즉 예서가 노력해서 바꿀 수 있는 부분에만 신경 쓰면 된단다.
예 서	아, 이제 좀 이해가 될 거 같아요. 안 되는 걸로 고민하지 말고, 내가 잘하는 것에 집중하자는 거죠?

할아버지   하하. 대충은 그렇지. 아이쿠, 벌써 점심시간이네. 우리 예서, 뭐 먹고 싶은 거 있니?

예 서   피자요!

피자를 먹고 난 예서는 소파에서 스르르 꿀 같은 낮잠에 빠져들었다. 한참 후 눈을 떠보니 할아버지가 노트북 앞에 앉아 있었다.

예 서   할아버지, 뭐 하세요?

할아버지   예서가 자는 동안에 『미운 오리 새끼』를 다시 써 봤단다.

예 서   네? 할아버지가 『미운 오리 새끼』를 다시 쓰셨다고요?

할아버지   나중에 한번 천천히 읽어 보려무나.

예 서   지금 읽어 볼래요. 잠 다 깼어요.

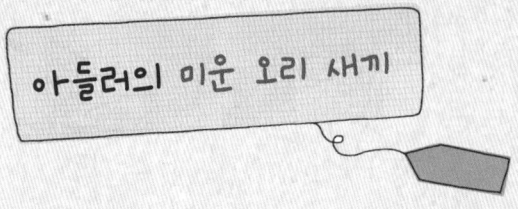

옛날 옛날에 사고로 오리 둥지에서 태어난 백조가 있었어요.

"어머, 얘는 왜 이렇게 생겼지? 끔찍하게도 생겼네."
알을 깨고 고개를 내민 백조에게 어미 오리가 내뱉은 첫마디였어요. 백조는 어미 오리의 보살핌으로 무럭무럭 자랐지만 금세 문제가 생겼어요. 함께 태어난 형제 오리들이 백조가 자기들과는 너무나도 다르다는 것을 알아챌 나이가 됐거든요.

"뭐야, 못생겨서 덩치만 크고."
"색깔도 달라."
"쟤는 이상한 애야."
형제들은 점점 백조를 따돌리기 시작했어요. 처음에는 백조의 편을 들던 어미 오리도 점점 백조를 멀리하기 시작했어요. 형제들은 백조 앞에서 불만을 이야기했어요.

"덩치가 크니까, 엄청 많이 먹네. 너 때문에 우리가 먹을 게 늘 부족하잖아!"

"나는 왜 우리 형, 누나들하고 생긴 게 다르지?"
 어린 백조는 슬퍼졌어요. 그리곤 그날부터 먹는 걸 줄이기 시작했어요. 하지만 백조는 형제들보다 두 배는 먹어야 배가 고프지 않았어요. 그래서 어린 백조는 생각했어요.

 '그래, 나도 엄마처럼 물고기를 잡아야겠다. 그럼 형, 누나들이 불평하지 않을 거야.'
 어린 백조는 열심히, 열심히 엄마를 쫓아다니며 기술을 익혔어요. 그러던 어느 날, 물속으로 들어갔다 나온 어린 백조의 주둥이에 물고기가 물려 있었어요.

 "야호. 내가 물고기를 잡았어!"
 너무 기쁜 나머지 소리를 지르느라 잡았던 물고기가 달아났지만, 어린 백조는 다시 물속으로 몇 번을 들어갔다 나온 다음, 형제들과 엄마 앞에 자랑스럽게 물고기를 내려놓았어요.

 "우아! 덩치가 물고기를 잡았어!"
 "그렇구나, 우리 덩치가 물고기를 잡아 왔네. 고맙구나!"

형제들과 어미 오리는 매우 고마워하며 기뻐했어요. 어린 백조는 기분이 좋아 하늘을 날아갈 것 같았어요.

그러던 어느 날, 호수에 홍수가 났어요. 호수의 물은 점점 불어나고, 먹이는 점점 구하기 힘들어졌어요. 호수에 살던 오리들은 먹이를 찾느라 힘든 시절을 보냈어요. 이제 어린 백조는 어른 오리보다 더 덩치가 커졌고, 빠른 물살에도 헤엄칠 수 있는 힘도 생겼지요.

"걱정 마! 내가 먹이를 꼭 구해 올게."
어린 백조는 약속을 지켰어요. 식구들뿐만 아니라 이웃 오리들에게도 나눌 만큼 많은 물고기를 잡았어요. 이제 모두들 어린 백조에게 고마워하며 백조를 친구로 생각하고 믿기 시작했어요.

그러던 어느 날 어린 백조의 날개가 근질거리더니 빳빳한 깃털이 나기 시작했어요. 어린 백조가 이제 청년이 되어 날 수 있게 된 거예요. 그리고 자기는 오리가 아니라 백조라는 걸 알게 되었어요.
 백조는 고민했어요. 오리들과 함께 남을 것인가? 아니면 백조들이 있는 곳으로 날아갈 것인가? 백조는 뭐든 상관이 없었어요. 오리 식구들과 함께 있는 것도 충분히 재미있었으니까요. 하지만 백조는 다시 한번 모험을 해 보기로 결심했어요. 오리 형제들은 자기들도 곧 다 큰 오리가 될 테니, 걱정 말라고 백조를 응원했어요. 백조는 오리 식구들과 작별 인사를 하고 하늘 높이 날아올랐어요.

예　서	우아, 백조가 달라졌어요! 멋있어요!
할아버지	그래, 원래 『미운 오리 새끼』와 어떤 부분이 다르다고 느꼈니?
예　서	백조가 여기저기 떠돌아다니지 않아도 됐어요.
할아버지	그렇지. 백조가 여기저기 다니는 고생은 안 해도 됐지. 또?
예　서	음, 원래 『미운 오리 새끼』에서는 오리와 할머니 그리고 나무꾼하고 끝이 별로 안 좋았는데. 여기서는 그런 게 없어요.
할아버지	그렇지. 이번 백조는 오리하고도 잘 이별을 했고, 할머니나 나무꾼은 만날 기회조차 없었지.
예　서	네.
할아버지	예서 네가 보기에도 바뀐 백조가 더 보기 좋지 않니?
예　서	당연하죠! 모두 다 행복하니까요.

할아버지   그럼 백조의 무엇이 그런 차이를 만들었을까?

예　서   백조가 '바꿀 수 없는 것'보다는 있는 그대로 자기를 인정하고, 지금 할 수 있는 것에 집중하고 노력했어요.

할아버지   그렇지. 근데 그게 그렇게 간단히 실천할 수 있는 문제가 아니란다. 그랬다면 우리 모두는 이미 행복해졌을 거야. 아무런 고민 없이.

예　서   네, 얼마나 어려운지는 제가 할아버지보다 더 잘 알걸요? 저도 백조처럼 외모에 대한 열등감을 극복해 보고 싶어요. 그런데 웃긴 게요, 사실 오리가 더 못 생겼는데.

할아버지   하하, 그러니? 그건 우리들 생각인 거고, 오리 눈에는 백조가 못생겨 보일 수 있지.

예　서   하하하, 그럴 수도 있겠다.

할아버지   그래, 어쨌든 백조는 열등감으로 슬퍼하는 것보다는 자기가 잘할 수 있는 것을 찾아서 집중했어.

예서 네, 맞아요.

할아버지 하지만 그런 용기를 내는 건 현실에서는 쉽지 않단다. 우리 대부분은 그런 용기를 내기보다는 자기가 다르다는 이유로 풀이 죽어 있거나, 다른 사람을 만나는 것을 꺼리게 되거든.

예서 맞아요. 저도 그럴 때가 있는 걸요.

할아버지 그래. 하지만 바뀐 백조는 현재 할 수 있는 것에 집중했어. 내가 형제들과 다르게 태어났기 때문에 지금 차별받고 슬프다고 변명하지 않았어. '○○했기 때문에 ○○할 수 없다'고 투정부리지 않고, 지금 자기가 할 수 있는 것이 무엇인지 찾고 열심히 노력했어.

예서 맞아요. 할아버지 얘기를 듣고 보니 백조가 더 멋있어요!

할아버지 그래. 우리 예서도 백조처럼 바꿀 수 없는 것과 바꿀 수 있는 것을 구분하고, 바꿀 수 있는 것은 바꾸는 용기를 냈으면 좋겠구나. 그리고 아주 중요한 한 가지 더!

예서 ……?

할아버지 백조가 마지막에 어떻게 되었지?

예   서   오리 식구들을 떠나 날아갔어요. 다른 백조들을 찾으러…….

할아버지   그렇지 날아갔지. 원작에서도 마지막에 날아갔지. 결과는 같지만 알맹이는 사뭇 다르지 않니? 아들러의 『미운 오리 새끼』의 결말은 오리 식구들에게 믿음과 격려를 받는 상황이었잖아.

예   서   네, 모두들 점점 백조를 원하고 좋아하게 됐어요.

할아버지   그런데 그런 순간에도 백조는 자기가 원하는 게 무엇인지를 분명하게 판단했다는 걸 주목해 보렴. 이제는 오리 식구들에게도 영웅이 되었지만 자신의 결정으로 모험을 떠나기로 한 것은 앞서 말한 제니처럼 인정받고 싶은 욕구를 버린 거지. 이를테면 '인정 욕구'를 넘어섰다고 말할 수 있겠구나.

예   서   인정 욕구요?

할아버지   그렇지. 정확하게 말하자면 자신이 아닌 다른 사람들에게서 인정받으려는 욕구인 게지. 전에도 얘기했지만 때로는 남의 칭찬이 나를 꼼짝 못하게도 하거든. 그걸 떨쳐 버려야 진정한 자유를 얻을 수 있단다. 물론 큰 용기가 필요하겠지만.

부모 · 선생님

내가 혼나는 걸 선택했다고?

예서가 학원에 가지 않는 날이라, 여유로운 아침이었다. 할아버지와 예서는 할머니가 생전에 남기고 가신 물품들과 사진첩을 정리했다. 할머니가 아끼셨던 소소한 물건과 사진이 빼곡하게 상자에 담겨 있었다. 예서는 아빠와 고모의 어릴 적 모습이 담긴 가족사진에 관심이 갔다.

예　　서　어, 아빠다! 와, 아빠랑 고모가 완전 어려요. 할머니, 할아버지도 되게 젊으시다.

할아버지　그래, 오래된 사진이구나. 이 뒤에 보이는 산이 할아버지의 아버지, 그러니까 아빠의 할아버지와 할머니가 묻혀 계신 곳이란다. 지금은 개발로 없

어졌지만.

예　서　아, 아빠가 옛날에 살던 곳에 아파트가 생겼다고 말한 거 기억나요. 지금 보니까 아빠가 할머니를 많이 닮았어요!

할아버지　네 아빠가 크면서 할머니를 많이 닮았지. 고모는 할아버지를 닮고…….

예　서　할머니는 어떤 분이셨어요?

할아버지　보자. 예서가 너무 어릴 때서 잘 모르려나? 예서가 학교 들어가기 전에는 할머니가 많이 돌봐 줬는데……. 기억 안 나니?

예　서　얼굴이나 느낌은 기억이 나는데, 다른 거는 오래

되어서 잘…….

할아버지   그렇겠구나. 아빠가 외모뿐 아니라 성격까지 할머니를 쏙 뺐지. 할머니 성격은 할아버지와 정반대였단다. 할머니는 좀 대범한 스타일이었지. 작은 일에는 크게 신경 쓰지 않는 편이었어. 오히려 할아버지가 세심한 편이었지. 아빠가 잔소리 별로 안 하지?

예 서   네, 이래라 저래라 별로 안 하세요.

할아버지   그래, 그럴게다.

예 서   할아버지, 아빠는 저만 했을 때 어땠어요?

할아버지   아빠? 아주 말썽꾸러기였지. 무지하게 말을 안 들었어요.

예 서   아빠가요?

할아버지   말도 마라. 동네에서 말썽쟁이로 유명했단다. 할머니가 명절이 되면 일부러 떡을 아주 많이 했어. 그게 다 네 아빠 말썽 때문에 일일이 동네 사람들을 만나 떡을 돌렸기 때문이야. '우리 아들 때문에 올해도 마음 쓰셔서 죄송합니다.' 하고 말이야.

예 서   아빠가 그랬구나! 크크.

할아버지   그럼, 지금은 시치미 뚝 떼고 있는 거야!

예   서   아, 재밌다. 주로 어떤 말썽을 부렸어요?

할아버지   워낙 많아서 밤을 세도 모자랄걸? 어디 보자, 그렇지! 그 얘기를 해야지. 동네 어귀 산기슭에 가족묘가 있었고, 동네 꼬마들이 주로 거기에서 뛰어놀고는 했는데…….

예   서   묘지 근처에서 놀았다고요?

할아버지   그래. 거기에 잔디가 있다 보니 놀기 좋았거든. 푹신하잖니. 겨울에는 햇볕도 잘 들고, 무엇보다 그맘때 남자아이들에게는 뭐랄까, 담력 테스트 같은 거였지.

예   서   으윽, 말만 들어도 무서워요.

할아버지   하하, 할아버지도 어릴 땐 그러고 놀았어. 그땐 밖에 나가서 노는 게 일이었단다.

예   서   그래서요, 어떻게 됐어요?

할아버지   어느 겨울에 그쪽에서 불이 났었단다. 동네사람들이 급하게 모여서 불을 껐지. 네 할머니도 있었단다. 근데 불길이 다 잡힌 후에 사람들이 불을 낸 범인을 봤다고 그러는 거야. 할머니가 가만히 들어 보니, 글쎄 네 아빠와 같이 다니는 동네 녀석들이 주변에서 어슬렁거리다가 도망치는 걸 봤

	다지 뭐냐.
예 서	으악!
할아버지	그래, 으악! 할 만하지. 결국 할머니가 명절이 아닌데도 네 아빠를 앞세워 사과를 하며 떡을 돌렸단다.
예 서	아빠도 참……. 근데 불은 왜 지른 거래요?
할아버지	놀다가 실수를 했겠지. 어쨌든 네 아빠는 그런 식으로 관심을 모으는 데 선수였단다.
예 서	아니, 그렇게 말썽부리면 할아버지, 할머니한테 혼날 게 뻔할 텐데……. 아빠는 왜 그렇게 말썽을 부렸을까?
할아버지	아마도 혼나고 싶은 마음이 있어서겠지.
예 서	네? 혼나고 싶어 했다고요?
할아버지	그래.
예 서	왜요? 혼나면 싫잖아요. 근데 왜 혼나고 싶어 해요? 이해가 안 돼요.
할아버지	세상에 혼나고 싶은 사람이 어디 있겠니? 근데 아

빠가 계속 말썽을 피우고 혼이 나면서 결과적으로 얻는 게 있었거든.

예서   그게 뭔데요?

할아버지   사람들의 관심. 사실 네 아빠가 학교에서 꽤 인기가 많았거든. 그것도 같은 남자애들한테. 그 나이 때에는 그런 엉뚱한 일을 저지르는 게 멋있는 행동이라고 잘못 생각할 수 있거든. 친구들이 관심을 가지며 치켜세우는 것이 좋았을 거야. 그러니 계속 말썽을 부린 거지. 혼나는 것보다 친구들이 주는 관심과 인기를 잃는 것이 더 싫었던 거지.

예서   아, 알 것 같아요. 우리 반에서도 그런 애들이 있어요. 선생님한테 혼나고도 별로 신경 안 써요. 쉬는 시간에 애들이 막 자리에 가시 말 걸어주고 그러거든요.

할아버지	그러면 예서는 그런 친구들을 보고 어떤 생각이 들었니?
예 서	음, 그중에 숙제를 안 해 와서 혼난 친구가 있는데요. 처음에는 저도 그 친구한테 무슨 일이 생겼는지 알고 관심이 생겼었거든요. 그런데 점점 숙제를 더 안 하고, 또 선생님한테 지적받고, 가끔은 울지만 어떨 땐 아무렇지도 않아 하는 것 같고. 그리고 또 숙제를 못할 사정이 만날 생기는 것도 좀 이상했어요.
할아버지	그래. 할아버지가 그 친구를 만나 보진 않아서 함부로 말하긴 어렵지만, 어쩌면 그 친구도 네 아빠가 어렸을 때처럼 누군가의 관심을 받으려고 자기도 모르게 그렇게 행동하는 걸 수도 있겠구나. 아니면 집에 일이 있거나 숙제를 도와줄 사람이 없어서 그런 게 아닐까? 아! 예서야, 예서가 함께 숙제를 해 보면 어떻겠니?
예 서	아, 걔랑 별로 안 친한데…….
할아버지	그래도 한번 생각해 보렴. 예서의 도움이 필요할지도 모르는데.
예 서	음, 만약에 방학 끝나고 학교에 갔는데 걔가 또

	그러면요. 그때 생각해 볼게요.
할아버지	그래, 고맙구나. 사실 할아버지도 그때 네 아빠 일로 반성을 많이 했거든. 왠지 그때 생각이 나서 남의 일 같지가 않구나.
예 서	할아버지가요? 잘못한 건 아빤데요?
할아버지	그때 할아버지가 일 때문에 많이 바빴거든. 그래서 집에는 신경도 못 쓰고 일만 했단다. 할아버지가 아빠로서 할 일을 제대로 못한 거지. 아마 네 아빠는 친구뿐 아니라 할아버지의 관심을 끌고 싶었는지도 몰라. 할머니로부터 아빠가 말썽 피웠다는 이야기를 들으면 할아버지가 혼을 냈으니까. 평소에 관심도 보이지 않았던 할아버지가 불러서 야단을 치니, 아빠 입장에서는 자기가 뭔가 해낸 것 같은 기분이 들었겠지. 그때 할아버지가 혼을 내지 않고, 아빠의 친구로서 함께 이야기를 나누고 제대로 용기 내는 방법을 알려 주었더라면 좋았을 텐데 말이지.
예 서	용기요? 음, 실수라고 해도 불장난을 했을 정도면 이미 용기가 대단했는데, 거기서 용기가 더 필요해요?

할아버지	지금 할아버지가 이야기하는 용기는 예서가 생각하는 용기와는 많이 다르단다. 할아버지가 전에 사람들은 저마다 과제가 있다고 했지? 일종의 숙제 같은 것. 그 과제에 맞서서 스스로 해결할 수 있는 힘을 말한단다. 아빠가 그런 용기를 갖도록 했어야 하는데…….
예 서	어떻게 하면 그런 용기를 가질 수 있는데요?
할아버지	그건 나중에 찬찬히 다시 이야기해 주마.
예 서	네, 꼭 얘기해 주세요. 그런데 진짜 신기해요. 아빠가 그럴 때도 있었다는 게.
할아버지	그래. 그랬던 말썽꾸러기가 어느새 커서 딸을 낳고 아빠가 되었구나. 하하.
예 서	저…… 할아버지, 어쩌면 저도 엄마한테 그런 것 같아요.
할아버지	뭐가 말이냐?
예 서	엄마가 회사 일 때문에 바빠서 나한테 관심 없다고 생각하니까 심통이 나서 엄마가 퇴근해도 인사도 안 하고, 어쩔 땐 밥도 안 먹고, 화나서 문도 쾅 닫고. 그러면 엄마는 제 방으로 들어와서 이것저것 물어보고, 그러다가 혼내기도 해요. 근데 그

	러고 나서는 또 안아 주시니까. 어쩌면 저도 엄마의 관심을 받고 싶어서 그랬던 것 같아요. 나도 아빠를 닮았나?
할아버지	허허허. 아직 어리니 그럴 수 있단다. 하지만 예서가 '과제에 맞설 용기'를 낼 수 있다면 또 달라질 거야.
예 서	그러니까 그 용기를 어떻게 가질 수 있는데요! 아, 칭찬받으면 가질 수 있겠다! 엄마나 선생님이 착하다, 잘한다, 칭찬해 주면 힘이 불끈 솟거든요. 아까 힘 이야기하셨잖아요. 맞죠?
할아버지	땡! 전에 남의 칭찬에 너무 신경 쓰지 말자고 했던 것 같은데, 벌써 까먹었니?
예 서	아, 맞다! 하지만 이건 좀 다르잖아요. 좋은 칭찬도 있는 거 아니에요?
할아버지	그러면 칭찬에 대해서 다시 생각해 볼까? 그렇지, 그 이야기를 해야겠구나. 아빠가 너무 말썽을 피우니까 할아버지가 혼내는 방법 말고 다른 방법을 사용했다가 또 잘못을 하고 말았거든.
예 서	네, 또요? 아이코!

칭찬은 무조건 좋은 걸까?

할아버지 너무 야단만 치니까 아빠가 더 말썽을 피우나 싶어서 다른 방법을 쓰기로 했단다. 그때 네 아빠가 축구를 무척이나 좋아했거든. 점심에도 밥만 후딱 먹고 축구를 하고, 수업이 끝나고서도 운동장에서 축구를 하느라 집에 늦게 왔으니까. 그래서 말썽을 부리지 않고 착하게 굴면 축구공하고 축구화를 새로 사 주기로 약속했단다. 집안일을 돕든 심부름을 잘하든 말을 잘 들으면 할머니가 표시한 종이를 한 장씩 주기로 했어. 그걸 필요한 만큼 모으면 되는 거였지.

　　　　　이를테면 칭찬 스티커 같은 거? 예서도 유치원 때
　　　　　해 본 적 있지?

예　서　네! 좋은 방법이잖아요. 말썽 안 피우고 착한 일
　　　　　을 많이 하게 될 테니까요. 근데 그게 왜 잘못이
　　　　　에요?

할아버지　할아버지도 그때는 그렇게 하는 것이 좋다고 생
　　　　　각했단다. 아빠가 잘하는 것에 관심도 기울일 겸,
　　　　　말썽도 줄일 겸 그게 좋다고 생각한 거지.

예　서　근데 아빠가 또 말썽을 피웠어요?

할아버지　응, 그랬지.

예　서　왜요? 어떻게요?

할아버지　생각보다 네 아빠가 엄마 확인 종이를 빨리 모으
　　　　　더구나. 처음에는 '아빠가 축구공하고 축구화를
　　　　　무척 가지고 싶어 하는구나.'라고만 생각했지. 근
　　　　　데 너무 빨리 모으는 게 이상해서 알아봤더니, 글

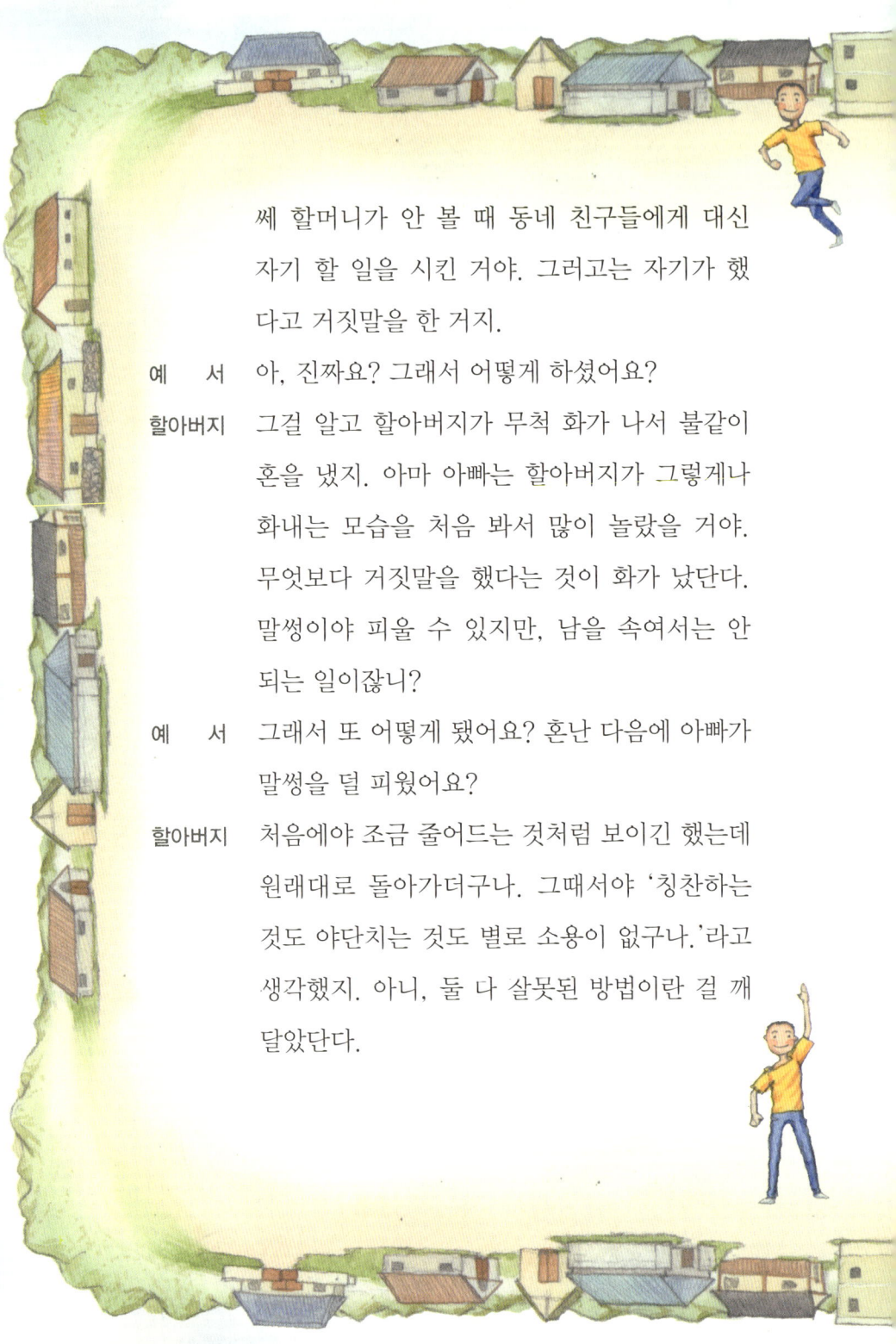

쎄 할머니가 안 볼 때 동네 친구들에게 대신 자기 할 일을 시킨 거야. 그러고는 자기가 했다고 거짓말을 한 거지.

예서 　아, 진짜요? 그래서 어떻게 하셨어요?

할아버지 　그걸 알고 할아버지가 무척 화가 나서 불같이 혼을 냈지. 아마 아빠는 할아버지가 그렇게나 화내는 모습을 처음 봐서 많이 놀랐을 거야. 무엇보다 거짓말을 했다는 것이 화가 났단다. 말썽이야 피울 수 있지만, 남을 속여서는 안 되는 일이잖니?

예서 　그래서 또 어떻게 됐어요? 혼난 다음에 아빠가 말썽을 덜 피웠어요?

할아버지 　처음에야 조금 줄어드는 것처럼 보이긴 했는데 원래대로 돌아가더구나. 그때서야 '칭찬하는 것도 야단치는 것도 별로 소용이 없구나.'라고 생각했지. 아니, 둘 다 잘못된 방법이란 걸 깨달았단다.

예서 　왜요?

할아버지 　차근차근 생각해 보자꾸나. 자, 아빠가 혼났다고 해서 말썽 피우는 일이 줄어들었니?

예서 　아니요.

할아버지 　그래. 잠깐 잠잠해지긴 했지만 곧 다시 말썽을 피웠지. 곰곰이 생각해 보면 그때의 아빠는 '그렇게 말썽 피우는 일이 나쁘다는 것'을 몰랐던 게 아닐까?

예서 　불장난을 하고 거짓말하는 게 나쁘다는 걸 몰랐다고요?

할아버지 　그게 왜 나쁜 건지, 어떤 위험이 있는지부터 잘 가르치는 게 순서 아니었을까? 그랬다면 두 번 다시 안 했을지도 모르는데. 아빠는 단지 말썽을 부리고 난 다음에 자기한테 쏠리는 관심이 좋았을지도 몰라. 그러면서 점점 더 많은 관심을 바라고, 점점 더 말썽을 부리게 된 거지.

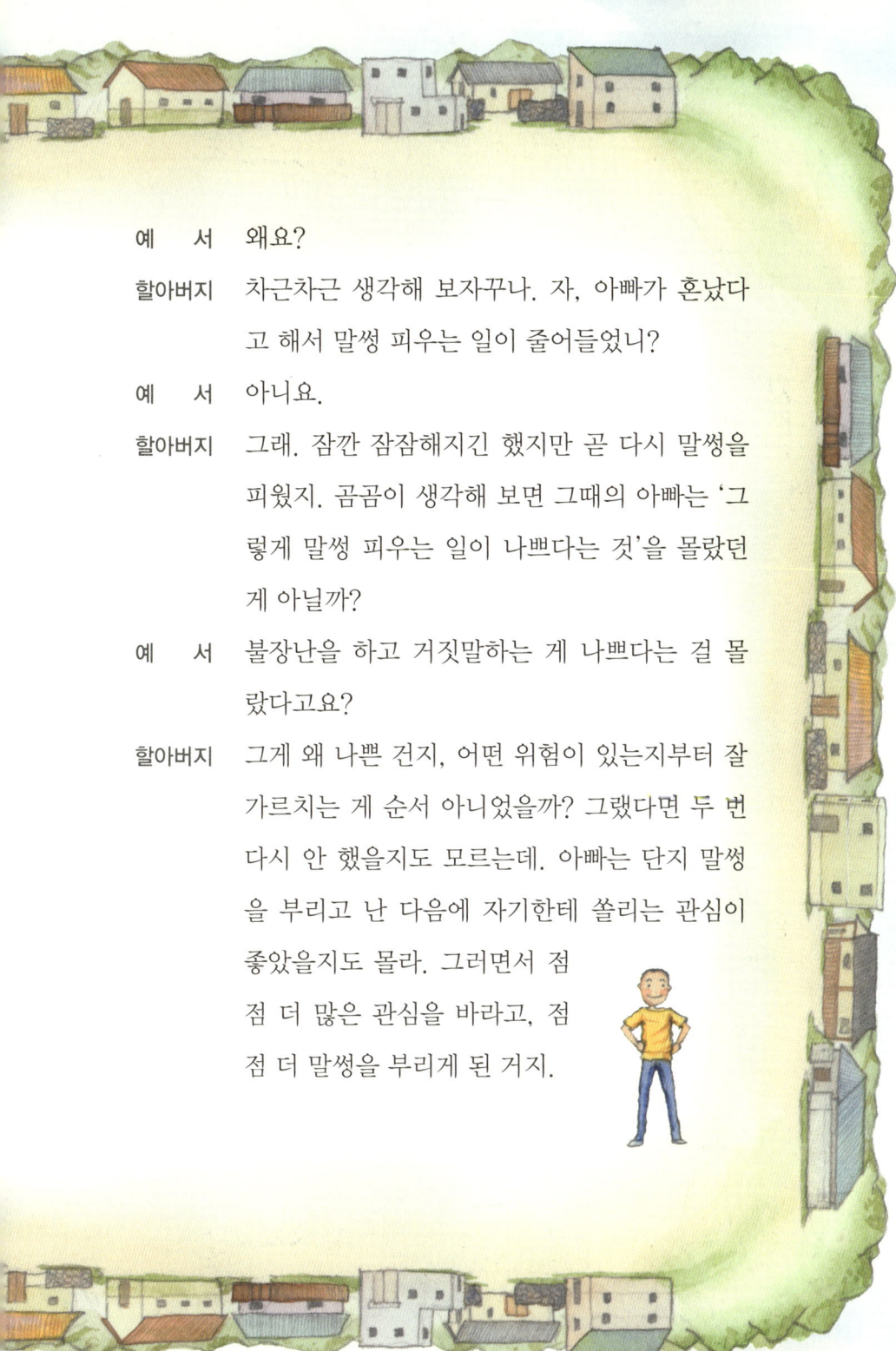

예　　서	아, 전에 그 제니 언니하고 같은 경우에요? 사람들의 관심에만 신경 쓰다 보니…….
할아버지	그렇지. 그러니까 화를 내거나 야단치지 말았어야 했던 거란다. 칭찬 스티커도 마찬가지야. 아빠는 칭찬 스티커를 많이 모으긴 했지만, 단순히 스티커를 모으기 위해서 실제로는 하지 않은 일을 '하는 척'했지. 다시 말해 거짓말을 한 거야. 칭찬 스티커를 받고 싶어서, 새 축구공과 축구화를 가지고 싶어서 할아버지가 '시키는 대로' 한 거지. '하고 싶은 대로' 한 것이 아니라. 할아버지의 기대에 맞추기 위해서 자기 삶이 아닌 남의 삶을 산 거야.
예　　서	아! 무슨 말인지 알겠어요. 맞아요, 저도 간혹 하기 싫은 일도 억지로 한 적이 있어요. '그래, 착하구나.'라는 칭찬을 듣고 싶어서요.
할아버지	그래. 그래서 좋은 칭찬이란 없는 거란다. 그러니까 할아버지가 잘못한 거지. 야단을 치거나 칭찬을 해서 할아버지가 원하는 대로 아빠를 조종하려고 해서는 안 되었지. 뭐가 문제인지, 뭘 잘못했는지 같이 생각해 보고 앞으로 어떻게 할 것

	인지에 대해 이야기를 했어야지. 즉 '과제에 맞설 용기를 내는 방법'에 대해 알려줬어야 했단다.
예 서	또 나왔네요. 용기를 내는 방법.
할아버지	응. 예서가 알기 쉽도록 풀어서 설명한 건데 어려운 말로는 '용기 부여'라고 한단다. '부여'는 '준다'는 뜻이야. 무슨 말인지 알겠니?
예 서	'용기 주기'라고 생각하면 돼요? 용기를 어떻게 줄 수 있어요? 가르쳐 주세요!

나는 나만의 가치가 있어

할아버지　음……. 예서야, 먼저 하나 물어보자. 학교에 갔는데 교실 바닥에 휴지가 떨어져 있었어. 어떻게 할 거니?

예　서　주워서 쓰레기통에 버려요.

할아버지　그래. 근데 왜 그렇게 해야 하지?

예　서　선생님이 그렇게 하라고 하셨으니까요.

할아버지　선생님이 왜 그렇게 하라고 했을까?

예　서　그래아 저랑 진구들이 깨끗한 교실에서 공부할 수 있으니까요.

할아버지　그래. 그런데 예서야, 아무도 예서가 휴지를 주워서 쓰레기통에 버린 걸 못 봤어. 선생님도 못 봤고, 친구들도 못 봤어. 그래서 누구 한 사람 잘했다, 고맙다 말하는 사람이 없어. 그래도 예서는 휴지를 주워 쓰레기통에 버리고 싶을까?

예 서   음……. 그건 좀 고민인데요.

할아버지   왜?

예 서   나만 좋으라고 한 게 아니잖아요. 친구들, 선생님 다들 좋으라고 한 일인데 아무도 몰라주면 서운할 것 같아요. 그렇다면 굳이 내가 할 필요는 없잖아요?

할아버지   그렇구나. 자, 그렇다면 예서야. 예서가 집에서 설거지를 한다고 해 보자. 아마도 엄마가 처음에는 예서가 기특하다고 칭찬할 거야.

예 서   진짜로 가끔 설거지를 하잖아요.

할아버지   그렇지. 하지만 한 번이 두 번, 두 번이 세 번, 그렇게 반복이 되면 점점 칭찬하는 일이 사라지겠지. 그러면 서운한 마음이 들겠지? 그렇게 되면 계속하고 싶은 마음이 들까?

예 서   그렇지는 않을 것 같아요.

할아버지   게다가 설거지를 하기 싫은 날도 있어. 그런데도 칭찬을 받기 위해 설거지를 해야 한다면 기분이

	어떨까?
예 서	좋지는 않을 것 같아요. 아무리 칭찬을 받는다고 해도 억지로 하는 건 귀찮은 일이니까요.
할아버지	그래. 그렇다면 말이다, 예서가 설거지를 했는데, 엄마나 할아버지가 '고맙다'라고 말하면 어떤 기분이 들까?
예 서	어…… 기쁘고 뿌듯할 것 같아요! 내가 누군가를 위해 무언가 해 준 셈이 되잖아요! 늘 엄마나 아빠, 할아버지가 제게 먼저 해 주시기만 했는데, 제가 먼저 해 준 느낌이 드니까요.
할아버지	옳지! 그렇다면 다음번에는 어떤 마음으로 설거지를 하게 될까?
예 서	내가 설거지를 하면 다른 사람이 좀 더 쉴 수 있겠지? 그러면 나랑 조금 더 같이 시간을 보낼 수 있겠지? 그런 마음으로 기쁘게 할 수 있을 것 같아요.
할아버지	그런데 이번에는 엄마가 예서가 설거지를 하는 걸 보았는데도 '고맙다'라는 말을 하지 않았어. 그런데도 할 수 있겠니?
예 서	네!

나는 나만의 가치가 있어

할아버지	어째서?
예 서	방금 말했잖아요. 엄마가 나 때문에 더 쉴 수 있고, 나랑 같이 시간을 더 보낼 수 있으니까요.
할아버지	그래. 엄마와 예서 모두를 위해서 한 일이야. 근데 칭찬을 받지 않아도 고맙다는 말을 듣지 않아도 먼저 나서서 기분 좋게 할 수 있지?
예 서	어, 그러네!
할아버지	다시 교실로 돌아가 보자꾸나. 교실 바닥에 휴지가 떨어져 있었어. 아무도 보지 않았지만, 예서가 휴지를 주워서 쓰레기통에 버렸어. 덕분에 예서와 친구들, 선생님이 깨끗한 교실에서 지낼 수 있게 되었지. 어떻게 생각하니?
예 서	아!
할아버지	아무도 알아주지 않는다고 해서 휴지를 못 본 척 버려둘 거니?
예 서	아니에요!
할아버지	어째서?
예 서	제가 친구들과 선생님을 위해서 깨끗한 교실을 만든 셈이니까요. 제가 우리 반을 위해서 뭔가 했어요. 그건 좋은 일이에요!

할아버지	그래. 그것이 바로 용기를 얻는 방법이란다. 내가 엄마에게, 친구들에게, 선생님에게 도움이 된다는 것을 깨달았을 때 기뻤지? 그리고 누구도 그걸 알아주지 않아도 스스로 할 마음이 생겼고. '남에게 도움이 되는 일을 한다', 이걸 어려운 말로 '공헌'이라고 하는데, 이러한 공헌이 칭찬받는 것과는 비교할 수 없는 즐거움을 느끼게 한단다. 잘 생각해 보렴. 예서도 지금 알았지? 칭찬받는 것과 남에게 도움이 되는 것의 차이를.
예 서	네, 뭔가 느낌이 달라요. 어쩐지 내가 나로 대접받는 느낌?
할아버지	그래. 그런 걸 '스스로 가치를 느낀다.'라고 한단다. 예서가 다른 사람의 칭찬이나 기대가 아닌 예서 스스로 '나는 나만의 가치가 있어.'라고 느낀다면 용기를 얻게 될 거야.
예 서	근데 할아버지, 제가 아파서 누워 있어요. 그래서 학교도 가지 못하고 휴지도 줍지 못해요. 엄마는 나 때문에 회사도 못 가요. 그러면 저는 가치가 없는 건가요?
할아버지	그렇지 않지. 누구나 그 나이에 맞는 역할과 책임

이 있는 거란다. 예서는 아빠 엄마의 소중한 딸이자 할아버지의 귀한 손녀야. 우리는 예서가 세상에 존재하는 사실 하나만으로도 얼마나 많은 힘을 얻는데. 예서는 이미 충분히 할아버지나 엄마 아빠에게 공헌하고 있는 거야. 설거지를 안 해도, 피아니스트가 되지 않아도 할아버지나 엄마 아빠는 예서를 사랑할 테니, 예서는 그저 예서인 채로 있으면 되는 거란다. 그러니 다른 누군가가 될 필요는 없어. 그저 예서 스스로 자기가 가치 있다고 생각하고 새로운 한 발을 내딛으면 된단다. 할아버지나 엄마 아빠는 그런 예서를 도울 거고, 예서가 용기 있는 삶을 살 수 있도록 응원할 거란다. 그러니 예서도 용기를 내어 보는 것이 어떻겠니?

예　　서　음, 어렵겠지만 노력해 볼게요.
할아버지　그래. 고맙구나, 예서야.
예　　서　고맙다고요?
할아버지　그래. 할아버지가 예서에게 무척 고맙단다. 사실 예서에게 이런 이야기들을 할까 말까 고민하고 있었거든. 쉬운 이야기가 아니니까. 그리고 예서가 정말로 이해할까 걱정되기도 했고. 그런데 이렇게 이야기를 잘 들어주고 이해하려고 노력하니 할아버지가 정말 고맙구나.

예 서   헤헤. 사실 할아버지가 무슨 말을 하는지 전부 알아듣지는 못해요. 지금도 완전하게는 모르겠어요. 그냥 할아버지하고 이야기하다 보니 조금씩 알게 되는 것 같아요. 뭐 딱 맞게 이해하고 있는지는 잘 모르겠지만요.

할아버지   그걸로도 충분하단다. 천천히 가더라도 가고자 하는 마음이 있다면 이미 된 것이 아닐까? 어쨌든 우리는 살면서 수많은 숙제를 만나게 될 거야. 그리고 그 숙제를 계속해 나가야 해. 그건 누구도 대신해 줄 수 없어. 그래서 그 숙제에 맞설 용기가 필요한 거야. 그 용기가 있다면 예서는 더 많은 것을 해낼 수 있을 거야. 예서에게는 무궁무진한 능력이 있어. 용기를 내면, 예서가 가진 그 능력을 하나씩 펼치면서 살 수 있단다. 남한테 도움이 된다고 느끼면서 '앞으로 내가 어떻게 할 것인가'만 생각하면 돼. 내가 무엇을 할 수 있는지 생각하고 실천한다면 분명 용기 있는 삶을 살게 될 거야.

아들러의 서재에서 더 생각하기

주변 사람들을 도와주다 보면, 나의 진짜 가치를 발견할 수 있어. 주변 사람들을 어떻게 도울 수 있을까? 가까이에 있는 사람들부터 어떻게 도우면 좋을지 적어 보자.

부모님

형제

친구들

선생님

그 밖에

최근에 누군가를 어떻게 도왔는지 떠올려 보고, 그때 어떤 마음이 들었는지 말해 보자.

> 예) 형이 집에 늦게 들어와서 엄마에게 혼나고 있을 때, 내가 형이 늦을 수밖에 없는 이유를 설명해 줬다. 나보다 나이도 많고 힘도 센 형을 도와주고 나니, 내가 대단해 보였다.

특별하지 않아도 괜찮아, 용기를 내보자

예　서　그러면 할아버지, 내가 무엇을 할 수 있는지 생각하고 실천하려면 어떻게 해야 돼요?

할아버지　음, 먼저 자기 수용을 하면 내가 보이겠지?

예　서　자기 수용이요?

할아버지　자신을 있는 그대로 받아들이는 것. 바꿀 수 없는 것과 바꿀 수 있는 것을 구분하고 바꿀 수 있는 것에 집중하는 것. 미운 오리 이야기를 그새 잊었니?

예　서　아, 맞다! 또 깜빡했어요. 하지만 그렇게 하는 건 너무 힘들어요.

할아버지　그렇기 때문에 '평범해질 용기'가 필요한 거지.

예 서	평범해질 용기요? 왜 용기를 내면서까지 평범해져야 해요? 특별한 게 좋잖아요.
할아버지	허허허. 그렇게 생각하니? 이 할아버지가 '미움받을 용기'도 필요하다고 하면 깜짝 놀라겠구나.
예 서	맙소사! 그런 용기도 있어요? 미움받을 용기가 왜 필요한데요?
할아버지	하긴 어른들도 이런 말을 들으면 '그게 뭔데!' 하며 놀라는데, 예서는 오죽하겠니. 놀라는 게 당연하지.
예 서	네, 이해가 안 가요. 말도 안 되는 거 같고.
할아버지	어디보자. 예서야, 아빠가 말썽을 부림으로써 남들로부터 관심을 받고, '평범한 아이'가 아닌 '특별한 아이'가 되고 싶었던 건 이해가 가니?
예 서	네, 이해가 가요.
할아버지	그렇다면 제니가 다른 사람의 인정을 받고 싶어서 계속 애를 썼던 건 '특별한 제니'에서 '평범한 제니'로 돌아올까 봐 겁이 나서 그랬던 건 이해하겠니?
예 서	평범해질까 봐 겁이 났다고요?
할아버지	그래. 덜컥 겁이 났을 수도 있지. 아빠든 제니든

'특별한 사람'이 되고 싶어서 야단이든 칭찬이든 관심을 원했던 건데, 그 관심이 어느 날 갑자기 사라진다면 갑자기 쓸모없는 사람처럼 여겨져서 그런 마음이 들 수도 있지. 하지만 몇 번이고 말하지만 나의 가치는 다른 사람이 정해 주는 것이 아니라, 내가 정하는 거란다. 다른 사람의 의견이나 생각, 칭찬에 기대어 산다면 우리는 결국 나의 삶을 살지 못하고 남의 삶을 살 수밖에 없어. 그렇다면 얼마나 삶이 불행해지겠니.

예 서 그렇다고 굳이 평범해질 필요는 없잖아요. 왜 용기를 내면서까지 그래야 하는데요? 그리고 또 뭐? 미움을 받으라고요? 대체 왜요!

할아버지 아이고 저런. 우리 예서는 미움을 받는 게 싫은 모양이구나.

예 서 당연하죠! 미움을 받으면 슬퍼지잖아요. 아니, 이 세상에 미움받는 걸 좋아하는 사람이 대체 어디 있어요!

할아버지 자자, 천천히 생각해 보자꾸나. 네 아빠나 제니가 특별해지고 싶어 했던 결과 어떻게 되었니?

예 서 불행해졌어요.

할아버지　그런데 사람들은 왜 그렇게 특별해지려는 걸까? 평범해서는 안 되는 걸까? 솔직히 예서나 할아버지나 모두 평범한 사람이지 않니?

예　　서　네, 그러니까 눈에 안 띄잖아요. 그런데 특별한 애들은 조금만 뭘 해도 눈에 확 띄고, 여하튼 달라요. 전에 제가 반 대표로 뽑히지 못할 거라고 생각한 것도 저는 보통 키에 특별한 게 없으니까 눈에 안 띄고. 그러면 반 대표로 못 뽑히고……. 뭐 그런 생각이 뱅뱅 돈 거예요. 저는 평범한 게 싫어요!

할아버지   음……. 예서는 평범해지는 것을 실력이 없다는 것으로 생각하는 모양이로구나. 어른들 표현으로 능력이 없다는 건데, 그런 뜻은 절대 아니란다. 어디 보자, 어떻게 말을 해야 쉬울까? 반에서 공부를 가장 잘하는 아이와 나머지를 구분해서 특별한 아이와 평범한 아이로 구분한다면 어떨까? 생각해 보렴. 예서 반에서 1등은 특별하고, 나머지는 평범한 걸까?

예   서   아, 할아버지. 우리 학교에서는 등수 안 매겨요. 시험 보면 그냥 평균 점수만 알려줘요. 그냥 우리끼리 맞춰 보는 거예요. 그전 학교에서는 10등까지 일어서라고 해서 박수를 쳐 줬는데, 여긴 안 그래요.

할아버지   아, 그래? 몰랐구나. 그러면 그때 박수를 받은 10명은 특별한 거니?

예   서   에이, 그건 아니죠. 여러 명이서 잠깐 박수 받고 끝나는 건데요. 저도 박수 받을 때 있었고요. 그러니까 저는 이미 평범하다고요. 그런데 평범해질 용기를 내라는 게 이상해요. 세상에 많은 위대한 사람들은 평범해질 용기를 내서 위대해진 건 아니잖아요? 분명 큰 목표를 두고 꿈을 이루기 위해 노력했을 거예요.

할아버지   아, 예서는 인생에는 목표가 있어야 한다고 생각하는 거니?

예 서   그럼요. 목표가 없으면 앞으로 뭘 할지, 그걸 어떻게 알아요. 제 친구들도 다 하나씩 꿈이 있어요. 아시다시피 저는 피아니스트가 되고 싶고요.

할아버지   그럼 피아니스트가 되기 전까지 예서의 인생은 어떻게 되는 거지?

예 서   그거야 피아니스트가 되기 위한 과정이죠.

할아버지   그렇다면 만일 예서가 피아니스트가 되는 과정을 충실히 밟았는데 피아니스트가 되지 못했다면 그동안의 예서의 인생은 어떻게 되는 거니?

예 서   그건…… 아니, 할아버지도 지금 결정할 필요는 없다고 그러셨잖아요!

할아버지   그래, 그랬지. 왜 그렇게 말했을까? 한번 곰곰이 생각해 보겠니?

예 서   …….

할아버지   예서야, 피아니스트가 되지 못했다고 해서 그동안의 예서 인생이 잘못되거나 문제가 되는 것은

아니란다. 하루하루 열심히 피아노를 친 그 시간이 중요한 거지. 즉 피아니스트가 되겠다는 목표보다는 그 목표를 이루기 위해 오늘 하루를 얼마나 충실하게 보냈느냐가 중요하단다.

예 서 오늘 하루를 충실히 보낸다고요?

할아버지 그래 피아니스트가 되고 싶다고 말만 하면서 피아노 뚜껑도 열어 보지 않는다면 어떻게 될까? 물론 피아니스트가 되는 건 아주 먼 앞날의 일이야. 그날을 상상하며 하루에 조금씩이라도 피아노를 치는 것, 내게 주어진 오늘 하루를 담담하고 충실히 사는 것이 바로 평범해질 용기란다.

예 서 하루하루를 충실하게 사는 것. 그게 평범해질 용기예요?

할아버지 그래. 어떻게 보면 가장 어려운 일이지. 하루하루 충실히 산다는 건 쉬운 일이 아니니까. 미래는 어느 날 갑자기 오는 게 아니란다. 평범한 오늘 하루하루가 모여서 미래가 되는 것이지. 큰 꿈이 있거나 그 꿈을 이룬 것과는 상관없이 오늘 하루를 열심히 사는 것. 그리고 원하는 결과를 얻지 못하더라도 그것도 그 나름대로 받아들이는 것. 즉 자기 수용이 평범해질 용기지.

예　　서　　그러면 미움받을 용기는 뭐예요?

할아버지　　예서는 이미 미움받을 용기에 대해서 알고 있단다.

예　　서　　앗! 제가요? 설마…….

할아버지　　음, 미움받는 걸 두려워하지 말라고 바꿔 말하면 알 수 있겠니?

예　　서　　…….

할아버지　　아이코, 할아버지가 너무 앞서갔구나. 자, 다시 이야기해 보마. 피아니스트가 되고 싶은지 확신이 들지 않는데도 예서의 꿈이 피아니스트라고 말했던 이유가 무엇이었지? 어디 한번 잘 생각해 보렴.

예　　서　　그건 엄마가 실망할까 봐요. 엄마가 저를 미워할지도 모른다는 생각도 들었어요.

할아버지　　그래서 예서에게 다른 사람의 과제와 나의 과제를 분리하는 게 중요하다고 말했지?

예　　서　　네.

할아버지　　바로 그게 미움받을 용기란다. 물론 말 그대로 미움받을 짓을 해도 괜찮다는 뜻은 아니야. 허허허. 저마다 자기 역할에 충실하고, 자기가 한 일은 스스로 책임진다는 마음을 먼저 가져야 해. 그리고 물론 그 과정에서 실수가 생겨도 괜찮아. 그 실수도 있는 그대로 받아들이는 게 바로 미움받을 용기니까.

예 서   아!

할아버지   물론 결정 과정에서 부모님이나 할아버지 같은 어른이 예서에게 도움을 줄 수 있겠지. 하지만 선택은 누구 몫?

예 서   제 몫이요.

할아버지   그래, 그런데 예서가 자유로운 선택을 하는 데 있어, 예서에게는 두려움이 있었지? 방금 말한 것처럼 엄마가 미워할까 봐 또는 실망할까 봐 등등. 그러니까 '미움받을 용기'란 그런 두려움에 맞서는 용기를 말해. 물론 부모님 뜻을 따르지 않고 자기 뜻대로만 살라는 말이 아니야. 예서가 원하는 것을 분명히 알고, 부모님께 잘 전달하라는 거지.

예 서   그러니까 내 인생은 내가 선택하는 거니까, 누가 뭐라고 할까 봐 움츠려들지 말고 내가 원하는 게 무엇인지 먼저 잘 따져 보라는 거죠?

할아버지 그렇지! 예서야, 기억하렴. 나를 바꿀 수 있는 사람은 나밖에 없단다. 그러니 스스로를 믿고, 하고 싶은 일을 해 보렴.

> 공동체 관계

함께 사이좋게 지내려면

아침부터 무더운 여름 날씨를 누그러뜨리는 소나기가 퍼붓고 있었다. 세찬 빗방울 소리와 하늘을 뒤흔드는 벼락소리에 단잠을 자던 예서가 눈을 떴다. 갑자기 무서워진 예서는 큰 소리로 할아버지를 불러 보았다. 하지만 대답 소리가 들리지 않았다. "할아버지, 할아버지!" 예서의 목소리가 점점 높아졌다.

그때 이층에서 할아버지의 목소리가 들려왔다. "어, 예서 깼구나!" 예서가 올라가 보니 할아버지가 창밖을 내다보고 있었다.

예　　서　할아버지 뭐 하세요?

할아버지　라디오를 듣고 있었지. 이층에서 라디오를 들으며 창밖을 보면 힘이 날 때가 있단다. 사람들이 라디오 방송에 보내 온 각양각색의 사연을 들으면서 이런저런 상상을 해 보기도 하고. 그러다 보면 어느새 용기가 생기기도 하거든.

예　　서　라디오에서 용기 얘기가 나왔어요?

할아버지　허허허. 사람들이 즐겁고 슬펐던 일이나, 지금 자기 기분이나 또 주변에서 생긴 일들을 사연으로 적어 라디오로 보내면 디제이가 소개를 하거든. 그러면 할아버지는 가만히 그 이야기를 들으면서 '세상에는 나 혼자가 아니구나.', '아! 나하고 비슷하게 생각하는 사람이 있네.'라고 느낀단다. 그러다가 할아버지가 용기를 얻기도 하고. 예서야, 창밖 좀 보렴. 비가 그쳤구나. 천천히 여름이 가는 소리가 들리는 거 같구나. 저 밖에 있는 사람

	들은 무슨 생각을 할까?
예 서	할아버지, 오늘 조금 이상해요. 다른 날과 달라 보여요.
할아버지	그러니? 할아버지는 이런저런 상상을 하는 게 좋단다. 저기 걸어가는 저 사람은 무슨 생각을 할까? 이따 저녁에 누구를 만날까 생각하고 있겠지. 저기 우산을 트는 꼬마는 친구네 집에 가는 길이고. 아마 친구네 집에서 점심을 먹을 거야.
예 서	와! 할아버지 그걸 어떻게 알아요?
할아버지	상상이지. 볼 때마다 또 달라. 하하하!
예 서	에이.
할아버지	예서야, 우리 이렇게 같이 상상해 보자. 저 창밖의 사람들을 예서가 진짜로 내일 만난다고 생각해 봐. 아니면 아는 사람일 수도 있고. 예서가 10년 후에 만나게 되는 사람일지도 모르지. 어쩌면 이미 만났는데 서로 모르니까 그냥 스쳐 지나쳤을지도 몰라. 그리고…….
예 서	…… 내년에 5학년이 되었을 때 우리 담임선생님일 수도 있고요!
할아버지	그렇지! 그렇다고 상상해 보는 거지. 그러다 보면

창밖 사람들이 정겹게 느껴지고, 다가가 말이라도 건네고 싶어진단다. 왠지 우울해 보이면 기운 내라는 말도 해 주고 싶고. 어떠니?

예 서   어, 정말 그래요! 저기 빨간 옷 입은 사람은 걷는 게 재미있어요. 뒷모습을 보니 맘씨도 좋을 거 같아요.

할아버지 하하하. 저기 슈퍼 앞에 있는 사람 말이지? 할아버지도 그렇게 보이는구나. 함께 도란도란 이야기 나누면 꽤나 유쾌할 거 같구나. 그런데 슈퍼 할머니가 오늘따라 표정이 어두워 보이는구나.

예 서   어, 그러네요. 언제나 웃는 얼굴이신데.

할아버지 비가 그친 걸 확인하러 밖으로 나오신 것 같은데, 얼굴에 걱정이 있어 보이시는구나.

예 서   왠지 슬퍼 보여요.

할아버지 그러게 말이다. 예서가 친구가 되어 말 한마디라도 건네면 훨씬 표정이 밝아지실 텐데. 어쩌면 용기를 내실 수 있을지도 모르지.

예 서   제가요? 에이, 할머니는 잘 모르는 사람이잖아요. 그리고 어른인데…….

할아버지 나이는 상관없지. 서로 존중할 수 있다면 나이를 떠나서 친밀한 관계를 맺을 수 있단다. 혹시 할아버지가 전에 네 아빠가 축구부였다고 말한 적 있니?

예 서 아니요. 그냥 축구를 좋아했다고만 하셨어요.

할아버지 아, 그랬구나. 네 아빠가 중학교 1학년 때 축구부 활동을 했었거든. 나중에 다리를 다쳐서 그만두긴 했지만.

예 서 어, 정말요?

할아버지 그래. 그때 이야기 좀 해 주마. 네 아빠가 중학교에 들어간 지 얼마 안 되었을 때야. 다른 학교 축구부와 시합이 있다고 해서 할머니와 같이 응원을 갔지 뭐냐. 할아버지는 네 아빠가 축구 시합에서 뛰는 걸 그때 처음 봤는데, 경기 내내 요리조리 몸놀림이 어찌나 가볍고 빠르던지 깜짝 놀랐단다.

예 서 정말요? 아빠가 옛날에 자랑했었는데 진짜였네.

할아버지 그래, 정말 잘했어. 아쉽세도 시긴 했지만 말이야. 그래도 아빠를 포함해서 모두가 열심히 뛴 만큼 비록 경기에서 졌어도 자랑스러웠단다. 그리고 경기가 끝나고 할아버지가 아빠 축구부 감독

	님하고 이야기를 나눌 기회가 있었는데, 그 감독님은 사람이 아주 남다르더구나.
예 서	어떻게 달랐는데요?
할아버지	그때만 해도 보통 운동선수 감독이라면 되게 엄하다고 생각했거든. 뭐 지금도 그렇긴 하다만, 그때는 더 옛날이니까. 그런데 생각과는 달리 축구부 학생들과 잘 어울리더라. 마치 친구처럼.
예 서	친구처럼요? 어떻게 감독님이 나이 어린 학생들을 친구처럼 대해요? 그러면 애들이 까불 텐데.
할아버지	하하하. 그 감독님은 학생들에게 강한 믿음을 가지고 계셨던 거야. 다른 말로 '신뢰'라고 하는데, '아무 조건 없이 다른 사람을 믿는 것'을 뜻한단다. 그런 믿음은 쉽게 깨지지 않는단다. 그런 신뢰가 있었기에 학생들을 믿고 인간 대 인간으로 대할 수 있었던 거지.
예 서	지금까지 말했던 믿음하고는 다른 거예요?
할아버지	다르다기보다는 좀 더 굳건하고 탄탄한 것? 왜 예서도 정말 친한 친구가 있지?
예 서	네, 있어요!
할아버지	친구와 비밀 이야기도 하고?

예　서　그럼요!

할아버지　그 친구가 내 비밀을 지킬 거라고 믿고, 무슨 이야기든 다 하지?

예　서　네, 제 친구니까요. 우리는 나중에 대학교도 같은 데 가기로 했어요. 앞으로도 계속 우리는 영원한 친구가 될 거예요.

할아버지　그래, 친구라서 서로 굳게 믿는 거지. 아무런 조건 없이. 거꾸로 생각해 보면 그렇게 서로 굳게 믿을 수 있기 때문에 친구도 될 수 있는 거야. 다른 사람을 신뢰한다는 것은 그 사람을 친구로 여기는 것으로 이어지거든.

예　서　아…….

할아버지　신뢰라는 것은 사람과 사람 사이를 깊이 맺어 준단다. 예서는 믿을 수 없는 친구와 마음을 터놓고 지낼 수 있니?

예　서　아니요.

할아버지　그래. 그런 마음이 전해지면 상대도 알게 되겠지? 그러니 축구부 학생들도 감독님을 친구처럼 대하고 믿고 따를 수 있었던 거야. 그건 버릇없는 것과는 다르지. 그렇게 서로를 믿고 존중하니 축구

	부 생활이 얼마나 재미있었겠니? 지더라도 서로를 격려하고 다음번엔 꼭 이기자! 힘내자! 하면서 분위기도 훨씬 좋아졌지.
예 서	정말 그랬겠어요.
할아버지	물론 아이와 어른은 차이가 있어. 경험도 다르고, 지식에도 차이가 나고, 덩치도 차이가 나지. 당연히 힘 차이도 나고. 하지만 똑같은 인간이란다. 그런 만큼 똑같이 대등하게 인간으로 대해야겠지? 지식과 경험이 더 많은 사람이 가르쳐 주고, 덩치가 더 크고 힘센 사람이 도와주면서. 이렇게 할아버지와 예서처럼.
예 서	으하하하.
할아버지	감독님도 그랬던 거야. 같지 않지만 대등하다고 생각하고, 친구처럼 대하고, 야단을 치거나 칭찬을 하기보다는 '고맙다'는 순수한 감사의 마음을 전하고. 즉 학생들을 있는 그대로 받아들였던 거지. 그때부터 아빠가 변하기 시작했어. 더는 말썽부리는 걸로 관심을 얻으려고 하지 않았단다. 축구부 활동을 통해 스스로가 가치 있다는 것을 배우기 시작했어. 그다음은 말 안 해도 알겠지?

예 서	네, 알 것 같아요.
할아버지	고맙게도 할아버지가 해야 할 역할을 감독님이 하신 거지. 덕분에 할아버지도 많이 배웠단다. 지금도 그 시기에 그 감독님을 만난 것이 참으로 고마워.
예 서	그게 끝이에요?
할아버지	그러니까 할아버지가 하고 싶은 말은, 나이를 떠나서 누구와도 친구처럼 지낼 수 있다는 말을 하고 싶었단다. 예전에도 말했었지? 우리는 주변 사람들과 관계를 맺으며 살아갈 수밖에 없다고. 그런 거라면 아옹다옹 다투기보다는 서로 사이좋게 지내는 편이 낫지 않을까? 함께 사이좋게 지내고 싶다면, 대등하게 인간 대 인간으로 대하면 된다, 이 말이지.
예 서	아, 그러니까 저도 슈퍼 할머니가 슬퍼 보일 때는 따뜻한 말로 용기를 줄 수 있다?
할아버지	그렇지!

모든 사람과 친해질 수 있을까?

할아버지 예서야, 지난번 어버이날에 할아버지한테 꽃 달아준 거 기억하니? 그때도 예서가 할아버지에게 용기를 주었단다.

예　서 제가요?

할아버지 그러엄! "할아버지 돌봐 주셔서 감사합니다."라고 말하면서 꽃을 달아주었을 때, 할아버지는 참으로 기뻤어. 내가 예서에게 도움이 되고 있구나, 앞으로 더욱 잘 돌봐야겠구나, 라고 느끼면서 용기를 얻었단다.

예　서 아, 그렇구나. 저도 그때 할아버지께서 좋아하셔서 정말 뿌듯했어요. 헤헤.

할아버지	바로 그 기분이란다. 내가 다른 사람에게 용기를 주면, 받는 사람뿐 아니라 나도 용기와 힘을 얻을 수 있단다. 용기를 주는 행동은 마법 같아서 내가 주는 건데도 내게 더 크게 다가오는 법이지.
예 서	아, 무슨 말인지 조금 알 거 같아요.

할아버지 그래, 우리는 당장에라도 문을 열고 밖으로 나가서 지나가는 사람들에게 용기를 나눠 줄 수 있어. 그러면 우리도 큰 용기를 얻게 될 게야.

예 서 기분이 이상해요. 제가 다른 사람에게 용기를 줄 수 있다는 게……. 음, 조금 떨려요.

할아버지	언제 어디서든 할 수 있단다. 가는 곳마다, 함께 하는 사람마다 '고마워요', '괜찮아요', '애쓰셨어요'라는 말과 미소를 건네 보렴. 그런 말과 미소가 거울에 비친 것처럼 반사되어서 예서를 더 씩씩하고 아름답게 만들어 줄 거야.
예 서	아, 정말 마법 같은 얘기예요. 나를 더 아름답게 만드는 마법. 주는 게 얼마나 기쁜지 조금 알 것 같아요. 저는 용기를 주는 사람이 될 거예요!
할아버지	그래. 또 말하지만 사람은 함께 살아야만 하는 운명을 타고 났어. 함께 일하고, 함께 지낼 수밖에 없는 처지이지. 그렇다 보니 사람들 때문에 웃기도 하고, 사람들 때문에 힘들어지기도 한단다.
예 서	맞아요. 저도 아침에는 기분이 좋아서 학교에 갔는데, 친구 때문에 기분이 나빠져서 집에 돌아오기도 해요.
할아버지	그래. 사람들과 함께 할 수밖에 없기 때문에 그런 거야. 거기서 모든 행복과 불행이 나온단다.
예 서	네, 학교에서 친구들과 잘 지내다가도 다투거나 섭섭해지면 힘들어요. 그렇다고 학교를 안 갈 수도 없고…….

할아버지	예서뿐 아니라 모든 사람이 그래. 아빠도 엄마도 직장에 가면 그럴걸? 그런데 우리가 계속 이야기했지만 '내가 어떻게 할 것인가'가 중요해. 그건 예서가 선택할 수 있지 않니? 할아버지는 예서가 용기를 가지고 다른 사람들을 믿고 도우면서 세상을 살아가길 바란단다.
예 서	네, 노력해 볼게요.
할아버지	그래. 예서는 그냥 예서야. 스스로 삶을 선택할 수 있어. 그러니 남의 칭찬이나 평가에 너무 연연해하지 않아도 돼. 남과 비교하면서 스트레스 받을 필요도 없는 거지.
예 서	이젠 무슨 말인지 조금 더 알겠어요.
할아버지	그래, 그러면 이제 예서의 중요한 문제를 다시 한번 이야기해 볼까?
예 서	저의 중요한 문제요? 왠지 겁나요.
할아버지	그럴 필요 없단다. 예서는 충분히 잘 헤쳐 나갈 수 있을 거야. 그러면 피아니스트가 되는 꿈에 대해서 다시 이야기해 볼까?
예 서	아, 그거요?
할아버지	겁내지 말고 하나하나 정리를 해 보자꾸나.

예서	네.
할아버지	음, 피아니스트가 되겠다는 꿈은 엄마로부터 비롯되었니?
예서	그런 것 같아요. 엄마는 제가 피아니스트가 되길 바라세요. 근데 피아니스트가 되는 건 엄마의 일이 아니에요. 제 일이니까 제가 선택해야 해요.
할아버지	그래서?
예서	하지만 엄마가 실망하실까 봐 속상해요. 좀 슬퍼져요.
할아버지	항상 여기서 막히는구나. 예서야, 혹시 좋아하는 연예인이 있니?
예서	있어요. 아주아주 노래도 잘하고 춤도 잘 추는 아이돌 오빠예요. 저 말고도 좋아하는 사람이 되게 많아요. 인기 짱이에요.

할아버지   그러면 반 친구들이 모두 그 오빠를 좋아하니?

예 서   아니요. 싫어하는 아이들도 있어요. 쌍꺼풀 없다고 싫어하는 애도 있고. 우리 반 미정이가 그래요.

할아버지   그렇지. 좋아하는 사람도 있고, 싫어하는 사람도 있을 거야. 우리 예서는 어떨까? 인기 있는 편이니?

예 서   저는 그냥 보통이에요. 저를 좋아하는 아이도 있고, 저랑 말 안 하는 아이도 있고…….

할아버지   그래. 어디를 가나 나를 좋아하는 사람이 있으면 아닌 사람도 있지. 예서도 잘 알 거야. 예서도 분명 좋아하는 친구가 있고 싫어하는 친구도 있을 테니까. 그냥 관심 없는 친구도 있을 테고.

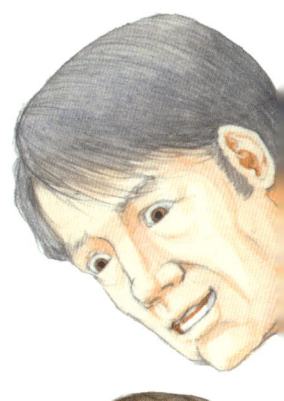

예   서   그렇긴 한데…….
할아버지   그러니 너무 신경 쓸 필요 없단다.
예   서   신경 쓰지 말라고요? 걔가 나를 욕해도요?
할아버지   달라진 건 없지 않니? 그 친구가 예서를 욕한다고 해서 예서가 달라진 건 아니잖아. 아니, 달라진다고 해서 그 친구가 예서를 좋아하게 될까?
예   서   네?
할아버지   내가 아무리 노력해도 나를 싫어하는 사람은 생겨. 그건 내가 바꿀 수 없는 거란다. 그건 그 사람의 마음이니까. 예서도 같이 있으면 불편하고 자주 의견 충돌이 생기는 친구가 있지?
예   서   아까 말한 미정이가 그래요. 걘 너무 자기 얘기만 하고, 자기 생각만 맞다고 그래요. 그래서 걔랑 얘기하면 답답해요.
할아버지   그래서 예서는 미정이랑 친하게 지내고 싶니?
예   서   아니요.
할아버지   그것 보렴. 예서는 그러면서 다른 사람은 안 되는 거니? 그건 너무 불공평하지. 결국 우리는 모든 사람한테 이해받거나 사랑받을 수 없단다. 그러고 싶은 건 너무 욕심이야. 그리고 그런 욕심을

	부리면 힘들어지는 건 다른 누구도 아닌 바로 나란다.
예 서	…….
할아버지	그리고 아무리 가까운 사이라도 서로를 완전히 이해할 수는 없어. 예서는 엄마를 다 이해하니?
예 서	아, 아니요. 저도 엄마가 왜 저럴까, 이해하기 힘든 때가 있어요.
할아버지	그래. 아무리 가깝고 친한 사이라도 서로를 다 알 수는 없는 법이란다. 예를 들면 이런 거야. 엄마가 라면을 좋아하니까, 점심에 라면을 먹었을 거라고 생각해서는 안 된다는 거지. 아침에 라면을 먹었을 수도 있고, 속이 아파 라면을 못 먹었을 수도 있으니까. 이제는 라면을 좋아하지 않을 수도 있겠지. 자, 반대로 물어보마. 엄마 아빠는 예서에 대해서 모든 걸 알고 이해할 수 있을까?
예 서	모두 알 수는 없을 거예요. 아빠는 오랫동안 해외에 계시고, 엄마는 일이 바빠서 늦게 들어오고. 이번처럼 가끔 멀리 출장도 다녀오시잖아요. 어떻게 저에 대해 다 아시겠어요?
할아버지	그래, 그런 부분은 섭섭하겠구나.

| 예 서 | 좀 속상해요. 그래도 그동안 할아버지랑 이야기 많이 했잖아요. 서로 자기 삶을 사는 거라고……. 엄마 아빠도 엄마 아빠의 과제에 충실한 거라고 생각하려고요.

| 할아버지 | 그래. 우리 예서가 생각을 많이 했구나. 지금처럼만 생각하면 된단다. 부모님은 부모님의 삶을 사는 것이고, 예서는 예서의 삶을 사는 거야. 예서는 예서대로 오늘 하루, 매 순간을 충실히 살면 되지.

| 예 서 | 그런데 그렇게 생각하면 엄마 아빠가 좀 멀게 느껴져요.

| 할아버지 | 그렇게 느껴질 수도 있을 거야. 하지만 엄마 아빠는 늘 곁에서 예서를 지켜볼 거야. 예서가 가는 길을 응원하고, 예서가 힘들고 어려울 때마다 용기를 북돋아 주실 거고, 예서가 고민이 있으면 함께 고민하고 답을 찾아 줄 거야. 설령 예서가 엄마 아빠가 바라는 것과 다른 선택을 하더라도 엄마 아빠는 절대 예서를 미워하지 않고 도와주고 응원하실 거란다. 엄마 아빠는 그 누구보다 예서를 믿는, 예서의 가장 친한 친구니까. 예서도 그

	렇게 생각하지 않니? 예서도 엄마 아빠를 세상에서 가장 믿을 것 같은데?
예 서	맞아요! 아, 할아버지가 그렇게 말하시니까 마음이 좀 편해요.
할아버지	그래, 그렇다면 다행이구나. 허허.
예 서	할아버지, 제가 피아니스트가 되고 싶은 건 엄마의 바람도 있지만, 제가 피아노 치는 걸 좋아하기 때문이에요. 그러니 조금 더 생각해 볼게요. 엄마가 좋아해서 하고 싶은 건지, 제가 정말로 좋아해서 하고 싶은 건지. 더 생각한 다음에 말할게요.
할아버지	그래. 할아버지가 기다리고 있으마.

나는 우리 반이 좋아

지난 며칠 동안 소나기가 몇 차례 지나갔고, 이제는 쨍한 햇살이 소나기가 다녀간 흔적을 지우고 있었다. 예서와 할아버지는 밥을 먹고 동네 산책을 나가기로 했다. 할아버지는 점심을 준비하고, 예서는 책상에 앉아 미루었던 방학 숙제를 고민했다. 부엌에서 들려오는 할아버지의 콧노래 소리가 집 안을 맴돌았다. 둘은 점심을 먹고, 카메라를 챙겨 밖으로 나갔다. 그러나 채 한 시간도 안 돼 집으로 돌아왔다.

할아버지   아휴, 소나기가 왔는데도 아주 덥구나.
예 서   휴, 왜 찜통더위라고 하는지 알겠어요. 완전 찜통 속 찐빵이 된 거 같았어요.

할아버지	어허허. 많이 지쳤구나. 그나저나 사진을 별로 못 찍어서 어떻게 하지?
예 서	괜찮아요. 어차피 자기가 하고 싶은 걸로 해서 방학 숙제 내면 되니까요. 동네 사진을 찍어서 앨범으로 만들려고 했는데……. 너무 더워서 안 될 것 같고, 마당에 있는 꽃을 그려 볼까 봐요.
할아버지	그래서 들어오기 전에 화단을 찍었구나.
예 서	네. 할아버지, 찍은 사진 컴퓨터로 옮기는 것 좀 도와주세요. 크게 프린트해서 보고 그릴래요.
할아버지	그러자. 자, 노트북이 어디에 있나?……. 자, 옮겼다.
예 서	고맙습니다. 할아버지, 이 꽃 좀 보세요. 예쁘죠?
할아버지	그래, 참으로 예쁘구나. 실제로 보았을 때는 몰랐던 게 보이네. 여기 꽃잎에 물방울 좀 보렴. 깨끗한 구슬 같아.
예 서	네, 너무 맑아요.
할아버지	아차차! 이것 좀 보려무나.
예 서	사진이 바둑판처럼 보여요. 어떻게 하신 거예요?
할아버지	어, 확대를 했단다. 확대를 해서 보니까, 이게 꽃 사진인지도 모르겠구나.

예　서　네, 색도 마구 섞여 보여요. 그냥 봤을 땐 빨간색
　　　　인데, 까만색도 보이고, 노란색도 보이는 거 같
　　　　고. 아, 신기하네.
할아버지　그래, 세상 모든 게 그런 거야. 이렇게 조화를 이
　　　　루면서 사는 거지.

예　　서	갑자기 무슨 말이세요?
할아버지	가만히 사진을 보고 있자니, 이처럼 작은 꽃도 여러 색이 모여 아름다운 꽃의 빛깔을 완성했듯이, 다양한 사람들이 모여 아름다운 세상을 만들면 좋겠다는 생각이 드는구나.
예　　서	그냥 꽃인데요. 할아버지 말이 시처럼 들려요. 무슨 말인지는 알 것 같으면서도 알쏭달쏭 퀴즈 같아요.
할아버지	우리가 사람들이 만나서 관계를 맺고 사랑하고, 저마다 자기 위치에서 최선을 다한다면, 우리도 이런 아름다운 꽃을 만들 수 있겠다는 생각을 했단다. 지금 이 꽃을 보렴. 우리가 눈으로 보기에는 하나의 아름다운 붉은 꽃 한 송이었는데, 자세히 들여다보니, 저마다 다른 색을 가지고 있었던 거야. 우리 세상도 마찬가지로 저마다 자기만의 색깔을 가진 사람들이 모여서 세상을 이루고 있는 것이지. 그런데 누가 욕심이 나서, 자기가 가진 색이 아니라 다른 색을 내려고 한다면, 아름다운 꽃 한 송이로 보이진 않겠지.
예　　서	아, 그러고 보니까 학교에서 했던 카드섹션 했을

		때 기억이 살아나요.
할아버지		기억이 살아난다고? 허허허, 바로 그거야. 그때 예서는 남들도 제때 카드를 들 것이라는 신뢰를 갖고 예서 일에 충실했어. 그래서 하나의 멋진 그림을 완성하게 되었지.
예	서	그냥 나라도 제대로 들어야겠다는 생각이 전부였던 거 같아요. 다른 친구들이 힘들면 안 되니까. 제가 할 수 있는 게 그것뿐이었어요.
할아버지		그랬구나. 그런 걸 '공동체 감각'이라고 하는데, 그건 이미 내 안에 있는 거란다. 그러니까 예서가 그런 행동을 할 수 있었던 거지.
예	서	공동체 감각이요? 그게 제 안에 있었다고요?
할아버지		응. 조금 어려운 말이지? 차근차근 알아보자꾸나. 자, 먼저 공동체란 교실이나 학교, 우리 동네, 우리나라, 지구촌같이 우리가 속해 있는 모임이나 단체, 사회를 이르는 말이란다.
예	서	네, 우리 반이 공동체예요?
할아버지		그렇지. 예서는 4학년 1반이라는 공동체의 한 사람이지. 예서의 친구들도 그 공동체의 한 사람들이고. 그리고 예서와 친구들은 4학년 1반을 위해

|||서 휴지도 줍고, 청소도 하고 그러지? 다리가 다친 친구가 있으면 가방도 들어주고, 선생님 일을 도와드리기도 하고?

예 서 네, 맞아요! 그래서 저는 우리 반이 좋아요. 안 친한 친구도 있지만, 그래도 친구들도 좋고 선생님도 좋아요. 내년에도 계속 같은 반이었으면 좋겠어요.

할아버지 그래. 그렇게 예서가 4학년 1반을 좋다고 느끼고, 그래서 4학년 1반 교실과 친구들, 선생님을 위해 무언가 하고픈 마음을 '공동체 감각'이라고 한단다. 감각이란 '느끼는 것'인데, 즉 4학년 1반을 좋다고 느끼는 마음이란다. 더 나아가서는 내가 4학년 1반을 위해서 무엇을 할 수 있을까 생각하는 거지. 전에 '공헌'에 대해서 말했었지? 남에게 도움이 되는 일을 하는 것.

예 서 네, 맞아요!

할아버지 그래. 그때 4학년 1반을 위해서 휴지 줍는 것, 그런 마음이 바로 공동체 감각이란다. 그리고 그건 예서가 4학년 1반이라서 생기는 마음이기도 하지. 4학년 1반을 위해서 여러 가지 일을 했으니까.

예 서	그럼, 공동체 감각도 용기를 주는 거네요?
할아버지	그렇지! 할아버지 말을 착착 알아듣다니 참으로 고맙구나.
예 서	으히히!
할아버지	그리고 예서뿐 아니라 다른 4학년 1반 친구들도 저마다 주인 의식을 갖고, 자기 할 일을 하되 서로를 믿으며, 돕고 의지하면 어느새 아름다운 꽃을 피우게 될 거란다. 그 꽃은 우리 가족, 우리 학교, 우리 동네, 우리나라, 지구촌 끝까지 싱그럽게 피어서 세상을 더욱 아름답고 우리를 조금 더 행복하게 해 줄 거야.
예 서	정말 멋진 일처럼 들려요. 내 삶의 주인은 나이고, 다른 사람 인생의 주인은 그 사람이고, 우리는 서로 자기 일에 충실하면서 하루하루를 살면 되는 거예요.
할아버지	그래, 그러면 된단다.
예 서	이제 할아버지가 말하는 용기가 뭔지 알겠어요. 그리고 내가 선택할 수 있다는 것도요. 뭐든지 잘할 필요도 없고, 다른 사람의 눈치를 보며 휘둘릴 것도 없어요. 내가 바뀌면 세상도 바뀌니까요. 아

	마 나는 큰 힘을 갖고 있을 거예요.
할아버지	뭔가 단단히 결심한 눈빛이구나. 할아버지도 예서의 힘을 믿고 응원하마.
예　서	할아버지도 참……. 맞다! 저 방학 숙제 해야 하니까 숙제 끝나고 또 얘기해요.
할아버지	그러자꾸나. 할아버지도 책 좀 읽으러 가야겠다. 혹시라도 숙제하면서 할아버지가 도와줄 일이 있으면 언제든 부르렴. 할아버지는 방에 있을 테니까.
예　서	네!

　예서는 밖에서 찍어 온 사진을 보았다. 그러곤 가장 마음에 드는 꽃 사진을 골랐다. 붉고 푸른 색색이 아름다운 꽃이었다. 인쇄 버튼을 누르자 프린터가 작은 소음을 내며 예쁜 꽃을 종이에 찍기 내기 시작했다.
　밖에서는 또 한 차례 소나기가 쏟아지고 있었다. 예서는 창밖을 유심히 바라보며 생각했다. 사람들에게 우산이 있어야 할 텐데…….

아들러의 서재에서 더 생각하기

우리는 수많은 사람들과 관계를 맺고 있어. 다음 질문에 대해 곰곰이 생각해 본 후 대답해 보자.

우리 학교는 _____ 이다.

그리고 우리 동네는 _____ 다.

또 나는 _____ 에 속해 있다.

함께 자주 만나고, 연락하는 사람들이나 모임이 있다면?

그곳에 속하는 게 왜 즐거울까?

내가 속한 곳을 위하여 어떤 일을 할 수 있을까?

안녕! 나는 예서야. 내가 이번 여름 방학에 할아버지와 용기를 얻는 여행을 했잖아. 그래서 살아가는 데 필요한 용기도 생기고, 내 마음도 많이 자랄 수 있었거든. 그런데 이 용기 여행이 가능했던 건 어떤 사람이 있었기 때문이라지 뭐야. 누굴까 궁금하지 않아?

용기의 심리학자, 알프레드 아들러

자, 이 사진을 좀 봐. 사진 속 할아버지는 아들러 할아버지야. 정확하게는 알프레드 아들러 박사님. 내가 이번 방학에 우리 할아버지하고 내가 누구인지, 진짜 나의 모습은 무엇이고, 어떻게 하면 더 행복해질 수 있는지 같은 이야기를 많이 했는데, 글쎄 우리 할아버지가 이 아들러 박사님이 연구한 개인심리학을 바탕으로 조언해 주신 거래. 있잖아, 이건 비밀인데, 솔직

히 난 처음에 우리 할아버지가 주관적. 객관적, 무지갯빛 세상……. 이러쿵저러쿵 말씀하시는 데 무슨 말인가 했어. 그냥 머릿속이 하얘지더라고, 그래도 할아버지 말씀이니까 고개만 끄덕이기도 했어. 그런데 말이야. 시간이 지나고 곰곰이 할아버지가 하신 말씀을 새겨들으니까 조금씩 '아, 내가 마음먹기에 따라 달라질 수 있구나.'라는 생각도 들고. 나도 한번 할아버지처럼 생각하고 행동해 보고 싶었어. 그래서 지금은 좀 자신 있게 말할 수 있어. 우리 할아버지와 아들러 할아버지 덕분에 내가 나에 대해서 좀 더 알고, 더 행복해졌다고! 그래서 아들러가 어떤 분인지 궁금해서 좀 알아봤어. 한 번 볼래?

아들러 할아버지는 1870년 오스트리아의 수도 빈에서 태어났는데, 세 살 때쯤 폐렴에 걸려 죽을 뻔했대. 간신히 살았는데, 동생이 얼마 뒤에 병으로 죽어서, 그는 의사가 되겠다고 결심했대. 의사가 되려면 공부를 잘해야 하잖아. 근데 아들러 할아버지는 몸도 약하고 키도 작고 공부도 못했대. 그런데 할아버지의 형은 그렇지 않았나 봐. 그래서 아들러 할아버지는 형하고 자기를 비교하면서 열등감에 시달렸대. 하지만 할아버지의 아버지가 옆에서 용기를 낼 수 있게 도와줬고, 아들러 할아버지도 힘을 내 꾸준히 노력해서 반에서 1등을 할 정도로 성적도 올랐고, 열등감도 극복해 갔어. 그리고 놀라운 건 어릴 때 바람대로 자라서 의사가 됐어.

그러다가 심리학 분야에서 이름 높은 프로이트 박사님을 만나고 심리학에 관심이 많아졌고, 심리학을 열심히 연구해서 심리학자가 되었대. 난 심리학이 뭔지 잘 모르지만 사람의 마음을 알아가는 학문이라고 들었어. 그러니까 아들러 할아버지는 사람의 몸을 고치는 의사가 아니라 사람 마음을 알아주는 심리학자가 된 거야.

아들러 할아버지는 아이들을 좋아했나 봐. 교육에도 관심을 갖고, 공립학교에 아동 상담소를 만들어서 아이들뿐 아니라 학부모, 선생님, 의사 들도 도와주었대. 아들러 할아버지는 살아계실 때 심리학자로서 많은 책을 펴내고, 강연도 하고, 미국에서 심리학 교수로도 활동했어. 정말 심리학을 좋아했나 봐.

아들러 할아버지는 어릴 적 경험으로 '인간은 얼마든지 변할 수 있다'는 사실을 깨닫고 미래를 중요하게 생각하고, 긍정적으로 생각하라고 말하는 '개인심리학'을 발표했어. "용기를 가지면 우리는 얼마든지 변할 수 있고 또 행복할 수 있다. 그러기 때문에 '지금의 나'를 '있는 그대로 받아들이는 용기'가 필요하다." 어때 멋있는 말이지? 우리 할아버지가 늘 이야기했던 말이라서 난 정말 깜짝 놀랐다니까. 그래서 아들러 할아버지의 심리학을 '용기의 심리학'이라고 부르기도 한대.

또 아들러 할아버지는 "모든 고민은 인간관계에서 생긴다."고 말했어. 그리고 "모든 기쁨도 인간관계에서 온다."고도 했어. 그러니까 이 말은 우리는 자꾸 남과 비교하고 남한테 잘 보이고 싶어 하기 때문에 고민이 되는 거잖아. 그런데 우리는 또 마음을 터놓고 얼마든지 친구가 될 수 있고, 그러면 또 기쁘잖아? 바로 그 말인 거야.

나도 우리 할아버지와 아들러 할아버지를 만나기 전에는 모든 사람들이 다 나를 좋아해 주길 바랐는데, 꼭 그럴 필요는 없다는 걸 알았어. 모두에게 잘 보이고, 칭찬받고 싶어 하면 내가 다른 사람의 기대에 너무 의존하게 되거든. 나는 조금은 '나'의 가치를 깨달았어. 우리는 누구나 저마다 자기 역할이 있고, 자기만의 숙제가 있어. 그건 그 누구도 대신할 수 없는, 나만 할 수 있는 거야.

나는 앞으로도 스스로 나의 진정한 가치를 알고 성장해 나갈 거야. 그럼 계속 행복할 수 있어. 다른 사람과 나를 비교하지 않고, 받는 것보다 주는 것을 즐겁게 여기고, 먼저 즐겁게 남을 도우면서, 나는 내 인생의 주인공이 되는 거지. 아들러 할아버지를 알게 되고, 내 속에 숨어 있던 당당한 나를 발견해서 정말 다행이야.

용기를 가지면 우리는 얼마든지 변할 수 있고 또 행복할 수 있대!

미움받아도 괜찮아
어린이를 위한 용기의 심리학

초판 1쇄　2017년 5월 1일
초판 19쇄　2023년 9월 10일

지은이 | 황재연
그린이 | 김완진
감수자 | 박예진

펴낸이 | 문태진
본부장 | 서금선
디자인 | 책만드는사람 강경희

기획편집팀 | 한성수 임은선 임선아 허문선 최지인 이준환 이보람 송현경 이은지 유진영 장서원 원지연
마케팅팀 | 김동준 이재성 문무현 박병국 김윤희 김은지 이지현 조용환
디자인팀 | 김현철 손성규　저작권팀 | 정선주
경영지원팀 | 노강회 윤현성 정헌준 조샘 조희연 김기현
강연팀 | 장진항 조은빛 강유정 신유리 김수연

펴낸곳 | ㈜인플루엔셜
출판등록 | 2012년 5월 18일 제300-2012-1043호
주소 | (06619) 서울특별시 서초구 서초대로 398 BNK디지털타워 11층
전화 | 02)720-1034(기획편집)　02)720-1027(마케팅)　02)720-1042(강연섭외)
팩스 | 02)720-1043　전자우편 | books@influential.co.kr
홈페이지 | www.influential.co.kr

ISBN 979-11-86560-39-6　73180

- 이 책은 저작권법에 따라 보호를 받는 저작물이므로 무단 전재와 무단 복제를 금하며, 이 책 내용의 전부 또는 일부를 사용하려면 반드시 저작권자와 ㈜인플루엔셜의 서면 동의를 받아야 합니다.
- 잘못된 책은 구입처에서 바꿔 드립니다.
- 책값은 뒤표지에 있습니다.
- ㈜인플루엔셜은 세상에 영향력 있는 지혜를 전달하고자 합니다. 참신한 아이디어와 원고가 있으신 분은 연락처와 함께 letter@influential.co.kr로 보내주세요. 지혜를 더하는 일에 함께하겠습니다.

『미움받아도 괜찮아』에 영감을 준 바로 그 책!

나는 미움받을 수 있는 용기가 있을까?
먼저 사랑할 수 있는 용기가 있을까?

미움받을 용기
자유롭고 행복한 삶을 위한
아들러의 가르침

미움받을 용기 2
사랑과 진정한 자립에 대한
아들러의 가르침

> "모든 고민도 모든 기쁨도 인간관계에 있다.
> 미움받는 것도 사랑하는 것도 두려워 마라.
> 모든 것은 용기의 문제다!"

엄마 아빠와 함께 읽는 아들러 심리학의 결정판!

기시미 이치로·고가 후미타케 지음 | 전경아 옮김 | 각 권 14,900원

- **170만 독자들이 선택한 용기**
- **한국·일본·대만 베스트셀러**
- **아들러 심리학 열풍을 몰고 온 화제의 책**